Résister au mensonge

Rod Dreher

Résister au mensonge

Vivre en chrétiens dissidents

Traduit de l'anglais par Hubert Darbon

ARTÈGE

Titre original : *Live not by Lies: a Manual for Christian Dissidents*
©2020 by Rod Dreher
Published by Sentinel,
An imprint of Penguin Random House LLC, NY, United States
ISBN : 978-0-5930-9739-8

Translation ©2021, Groupe Elidia by Hubert Darbon
Pour la présente traduction en langue française par Hubert Darbon.

Éditions Artège
10, rue Mercœur – 75011 Paris
9, espace Méditerranée – 66000 Perpignan

www.editionsartege.fr.

ISBN : 979-10-336-1075-5
EAN Epub : 9791033611387

À la mémoire du père Tomislav Kolaković (1906-1990).

Note de l'éditeur : les notes et paragraphes suivis d'un astérisque (*) ont été adaptés au contexte français et européen.

Introduction

Il y a toujours cette fausse croyance : « Ici, cela n'arrivera pas ; de telles choses sont impossibles chez nous. » Hélas, il n'y a pas un endroit sur terre où les horreurs du XXe siècle soient impossibles.

Alexandre SOLJÉNITSYNE[1]

En 1989 tomba le mur de Berlin, et avec lui le totalitarisme soviétique. L'État policier communiste qui avait asservi la Russie et la moitié de l'Europe n'était plus. La guerre froide qui avait dominé la seconde moitié du XXe siècle avait pris fin. Démocratie et capitalisme purent s'épanouir dans les pays jusque-là captifs. L'ère du totalitarisme sombrait dans l'oubli, libérant à jamais l'humanité.

Un bien joli conte auquel j'ai cru moi-même, comme tant d'Occidentaux. La menace totalitaire, pour moi, avait bel et bien disparu. Jusqu'à ce qu'au printemps 2015 je reçoive un appel émanant d'un inconnu rongé par l'anxiété.

Il s'agissait d'un éminent médecin américain. Il me raconta que sa vieille mère, immigrée tchécoslovaque, avait passé six ans comme prisonnière politique dans son pays natal, pour avoir fait partie de la résistance catholique au communisme. À présent nonagénaire, la vieille femme, qui vivait chez la famille américanisée de son fils, lui avait récemment fait remarquer que la situation telle qu'elle l'observait aux États-Unis lui rappelait l'époque où le communisme était arrivé en Tchécoslovaquie.

1. Citation tirée de l'introduction à la version abrégée de l'édition américaine de *L'Archipel du Goulag* (New York, Perennial, 1983).

Pourquoi s'était-elle soudain alarmée ? Parce qu'elle avait vu des reportages sur les attaques en meutes perpétrées depuis les réseaux sociaux à l'encontre d'une pizzeria d'une petite ville de l'Indiana, dont les propriétaires, chrétiens évangéliques, avaient dit lors d'une interview qu'ils ne proposeraient pas leurs services de traiteur pour des mariages homosexuels. Une personne, sur Twitter, allait jusqu'à appeler à incendier la pizzeria ; les menaces étaient telles que, craignant pour leur propriété et pour leur vie, les restaurateurs durent fermer leurs portes pendant un certain temps. L'élite de gauche, notamment médiatique, toujours si prompte à défendre les minorités contre les meutes qui menaceraient leur sécurité et leurs moyens de subsistance, ne parut pas s'émouvoir de ces attaques-ci, qui avaient eu lieu dans le contexte du débat plus large sur le conflit entre les droits des homosexuels et la liberté religieuse.

Le médecin, né aux États-Unis, m'expliqua que ses parents l'avaient averti des dangers du totalitarisme tout au long de sa vie. Il ne s'en était jamais inquiété – il savait pouvoir jouir d'une liberté garantie par l'État de droit. L'Amérique, après tout, était née d'une quête de liberté religieuse, et elle s'était toujours enorgueillie du premier amendement à sa Constitution, qui la garantissait. Mais ce qui s'était passé dans l'Indiana le faisait à présent douter. *Et si ses parents avaient eu raison ?*

Il est facile de balayer ce genre de questionnement. Ceux d'entre nous dont les parents vieillissent ont l'habitude de passer du temps à les rassurer après qu'un reportage les a perturbés au point qu'ils redoutent de sortir de chez eux. Je me disais que le cas de cette vieille femme tchèque n'était pas différent.

Mais il y avait quelque chose dans la voix tendue du médecin, et dans le fait qu'il s'était résolu à contacter un journaliste qu'il ne connaissait ni d'Ève ni d'Adam, en lui disant qu'il serait trop dangereux de citer son nom, qui me secoua. Je me posai à mon tour la question : *Et si cette vieille femme tchèque avait vu quelque chose que nous autres ignorions ?* Et si les démocraties libérales occidentales étaient réellement en train de basculer dans le totalitarisme, mais que nous ne le voyions pas parce qu'il prenait une forme différente de l'ancienne ?

Dans les années qui ont suivi, j'ai discuté avec beaucoup d'hommes et de femmes qui avaient vécu sous le régime communiste. J'ai demandé à chacun d'entre eux ce qu'ils pensaient des appréhensions de la vieille femme. Étaient-ils d'avis que l'Occident glissait vers une sorte de totalitarisme ?

Leur réponse, invariablement, a été *oui*, souvent avec insistance. Ils étaient même surpris par ma question, car ils considèrent généralement que les Américains font preuve, sur le sujet, d'une naïveté désespérante. Au fil des discussions, je me suis rendu compte que certains ressentaient de la colère en voyant que personne, dans leur pays d'accueil, ne percevait ce qui s'y passait.

En quoi la situation telle qu'elle se profile en Occident est-elle similaire à ce qu'eux-mêmes ont fui ? Après tout, chaque société a ses règles et ses tabous, et tout un système pour les faire respecter. Ce qui dérange ceux qui ont vécu sous le communisme soviétique, c'est de constater qu'ici aussi, les élites et les grandes institutions abandonnent le libéralisme à l'ancienne, fondé sur la défense des droits individuels, pour le remplacer par un *credo* progressiste dans lequel l'objet de la justice n'est plus l'individu mais le groupe. Il encourage les gens à s'identifier à un groupe – ethnique, sexuel ou autre – et à envisager le bien et le mal comme une question de dynamique de pouvoir entre ces groupes. Ces progressistes sont animés d'une vision utopique qui les pousse à vouloir réécrire l'histoire et réinventer la langue pour refléter leurs idéaux de justice sociale.

En outre, ils modifient constamment les normes de pensée, de parole et de conduite. On peut s'attendre à chaque instant à être poursuivi par ceux qui sont au pouvoir pour avoir dit ou fait quelque chose qui, la veille, était considéré comme parfaitement acceptable. Violer les nouveaux tabous peut avoir des conséquences extrêmes : on peut perdre ses moyens de subsistance et voir sa réputation définitivement ternie.

Exprimer une opinion politiquement incorrecte ou heurter la meute progressiste d'une façon ou d'une autre peut vous mettre instantanément au ban de la société ; les réseaux sociaux et les *media* conventionnels renforcent cette logique du bouc émissaire. Sous couvert de « diversité », d'« inclusivité », d'« équité » et d'autres termes issus du jargon égalitaire, la gauche crée de puissants mécanismes de contrôle de la pensée et du discours et marginalise les dissidents, qu'elle classe dans le camp du mal.

Il peut être très difficile à ceux qui n'ont jamais eu affaire à ce genre de brouillard idéologique de reconnaître ce qui se passe. En tout cas, ce n'est pas une copie conforme de la réalité des pays du bloc soviétique, avec leur police secrète, leurs goulags, leur censure stricte et leur misère matérielle. C'est précisément le problème, m'a-t-on souvent averti : le fait que la vie des Occidentaux soit encore aussi libre et prospère, par rapport à ce qu'ont connu les populations du bloc soviétique, nous empêche de percevoir la menace croissante qui pèse sur notre liberté. Cela, et la façon dont ceux qui nous enlèvent notre liberté le font en usant d'une rhétorique de libérateurs venus mettre fin à l'oppression.

« Je suis né et j'ai grandi en Union soviétique, et pour être franc je suis abasourdi par la similitude entre ces méthodes et celles de la propagande soviétique », me disait un professeur qui vit maintenant dans le Midwest.

Un autre, originaire de Tchécoslovaquie, s'est montré tout aussi direct, m'expliquant qu'il constatait un changement depuis une dizaine d'années, certains amis baissant la voix et regardant par-dessus leur épaule lorsqu'ils exprimaient tel ou tel point de vue conservateur. Lorsque lui-même le fait sur un ton dégagé, ceux qui l'entourent s'agitent et scrutent constamment la pièce pour voir qui pourrait écouter.

« J'ai grandi comme ça, me dit-il, mais il était impossible pour moi que cela se produise ici. »

Mais qu'est-il *vraiment* en train de se produire ici ? Un militantisme progressiste – et profondément anti-chrétien – conquiert peu à peu notre société ; le pape Benoît XVI le décrit comme une

« dictature mondiale d'idéologies apparemment humanistes » qui exclut les dissidents et les refoule aux marges, et comme une manifestation du « pouvoir spirituel de l'Antéchrist[2] ». Ce pouvoir spirituel se matérialise dans les institutions étatiques et privées, dans les entreprises, dans le milieu universitaire et les *media*, ainsi que dans les pratiques quotidiennes en pleine évolution. Il est consolidé par une technologie qui permet de surveiller la vie privée à un degré inouï. Il n'y a pratiquement plus nulle part où se cacher.

La vision du monde du totalitarisme ancien, du totalitarisme dur, exigeait l'éradication du christianisme. C'est également le cas de celle du nouveau, du mou, du « *soft* totalitarisme », et nous n'avons pas les moyens de résister à ses attaques plus sournoises.

Comme nous le savons, le communisme était activement athée et déclarait que la religion était son ennemi mortel. Les Soviétiques et leurs alliés européens ont assassiné le clergé et jeté un nombre incalculable de croyants, ordonnés et laïcs, dans leurs geôles et leurs camps de travail, où beaucoup ont subi la torture.

Qu'en est-il aujourd'hui ? L'Occident est désormais postchrétien, et un grand nombre de ceux qui sont nés après 1980 rejettent la religion. Cela signifie non seulement qu'ils s'opposeront à nous, les chrétiens, lorsque nous défendrons nos principes – en particulier la famille traditionnelle, les rôles spécifiques du masculin et du féminin, et le caractère sacré de la vie humaine –, mais encore qu'ils ne considéreront même pas la possibilité de tolérer le moindre désaccord fondé sur la croyance religieuse.

Nous ne pouvons pas espérer résister au *soft* totalitarisme qui se profile si notre vie spirituelle n'est pas bien ordonnée. C'est le message d'Alexandre Soljénitsyne, le grand dissident anticommuniste, lauréat du prix Nobel et chrétien orthodoxe. Pour lui, la crise qui avait donné naissance au communisme et l'avait maintenu n'était pas politique mais spirituelle.

---

2. « In New Biography, Pope Benedict XVI Laments Modern "Anti- Christian Creed" », *National Catholic Register*, 4 mai 2020, ncregister.com/daily-news/in-new-biography-pope-benedict-xvi-laments-modern-anti-christian-creed.

Après que la publication de *L'Archipel du Goulag* eut révélé toute la pourriture du totalitarisme soviétique et fait de Soljénitsyne un héros mondial, Moscou finit par l'expulser vers le bloc de l'Ouest. À la veille de son exil forcé, il publia un dernier message au peuple soviétique, intitulé *Vivre sans mentir*[3], où il contestait l'affirmation selon laquelle le système totalitaire était si puissant que les hommes et les femmes ordinaires ne pouvaient rien contre lui.

Idée absurde. Le totalitarisme repose sur une idéologie intrinsèquement mensongère. C'est un système qui dépend entièrement de la peur qu'éprouve le peuple à l'idée de remettre en cause ces mensonges. L'écrivain déclare : « Notre voie : NE SOUTENIR EN RIEN CONSCIEMMENT LE MENSONGE[4] ! » Peut-être n'avez-vous pas la force de vous lever en public et de dire ce en quoi vous croyez vraiment, mais vous pouvez au moins refuser de confesser ce en quoi vous ne croyez *pas*. Peut-être n'êtes-vous pas en mesure de renverser le totalitarisme, mais vous pouvez trouver en vous et dans votre communauté les moyens de vivre dans la dignité de la vérité. S'il nous faut vivre sous la dictature du mensonge, dit l'écrivain, alors notre réponse doit être : « Qu'importe si le mensonge recouvre tout, s'il devient maître de tout : [...] qu'il ne le devienne pas PAR MOI ! »

Que signifie pour nous, aujourd'hui, vivre sans mentir ? C'est la question que ce livre explore à travers une série de témoignages de personnes, chrétiennes ou non, qui ont vécu le totalitarisme soviétique et qui partagent la sagesse qu'une expérience difficile leur a obtenue.

La première partie montrera que malgré son apparente permissivité, la démocratie libérale dégénère aujourd'hui en quelque chose qui ressemble au totalitarisme dont elle a triomphé à la fin de la guerre froide. On y explorera les sources du totalitarisme, pour y découvrir des parallèles troublants entre la société contemporaine et celle qui

3. Alexandre Soljénitsyne, *Vivre sans mentir*, trad. José Johannet et Georges Philippenko, in *Révolution et Mensonge*, Fayard, 2018.
4. *Ibid.*

a donné naissance au totalitarisme du XXe siècle. On y examinera également deux traits particuliers intrinsèques au *soft* totalitarisme : l'idéologie de la « justice sociale », qui domine le monde universitaire et nombre de grandes institutions, et la technologie de surveillance, devenue omniprésente non par volonté étatique, mais par le caractère persuasif du capitalisme de consommation. Enfin, on s'intéressera au rôle clé joué par les intellectuels dans la révolution bolchevique, et l'on verra pourquoi il faut prendre très au sérieux les excès idéologiques de notre propre intelligentsia politiquement correcte.

La deuxième partie examinera plus en détail les formes, les méthodes et les sources de résistance aux mensonges du soft totalitarisme. En quoi la religion et l'espérance qu'elle prodigue sont-elles au cœur d'une résistance efficace ? Dans quelle mesure l'acceptation de la souffrance permet-elle de vivre dans la vérité ? Pourquoi la famille est-elle la première cellule d'opposition ? Comment la fidélité fraternelle permet-elle de résister à la persécution ? Comment apprendre à reconnaître les faux messages du totalitarisme, et comment lutter contre ses tromperies ?

Comment ont-ils tenu ? Comment se sont-ils protégés, comment ont-ils protégé leurs familles ? Gardé leur foi, leur intégrité, et jusqu'à leur santé mentale ? Pourquoi sont-ils si inquiets au sujet de l'avenir de l'Occident ? Les entendrons-nous, ou continuerons-nous à nous bercer de l'illusion que nous sommes à l'abri ?

Une femme d'origine soviétique, aujourd'hui professeur dans une université américaine, m'a fait valoir l'importance pour nous de prendre les gens comme elle au sérieux : « Impossible pour vous de prédire ce qu'on vous reprochera demain, nous met-elle en garde. Vous ne savez pas si telle chose parfaitement normale que vous faites ou dites aujourd'hui ne sera pas un jour utilisée pour vous détruire. C'est ce qu'ont vécu les populations de l'Union soviétique. Nous savons exactement comment cela fonctionne. »

Et pourtant, mon ami tchèque m'a conseillé de ne pas perdre de temps à écrire ce livre. « Il faut que les gens le vivent pour qu'ils comprennent, m'a-t-il dit, cynique. À chaque fois que j'essaie d'expliquer à mes amis ou à mes connaissances ce qui est en train d'arriver, soit je reçois des regards vides, soit on m'objecte une réponse confuse et absurde. »

Peut-être a-t-il raison. Mais pour l'avenir de ses enfants et des miens, j'ai voulu lui donner tort en écrivant ce livre.

Première partie

Comprendre le *soft* totalitarisme

Chapitre 1

Kolaković le prophète

Parfois, un inconnu qui voit plus profond et plus loin que le commun des mortels apparaît pour avertir des problèmes à venir. Souvent, à la fin de l'histoire, les gens ne croient pas aux prédictions du prophète et paient pour leur aveuglement. Mais dans celle-ci, ils ont entendu ses avertissements et fait comme il avait conseillé : lorsque la crise a éclaté, ils étaient prêts.

En 1943, Tomislav Poglajen, prêtre jésuite et activiste antifasciste, fuit sa Croatie natale en échappant de peu à l'arrestation par la Gestapo, et s'installa en Tchécoslovaquie. Pour se cacher des nazis, il prit le nom slovaque de sa mère, Kolaković, et accepta un poste d'enseignant à Bratislava, capitale de la région slovaque. Âgé de trente-sept ans, il arborait une épaisse tignasse de cheveux prématurément blanchis. Il avait passé une partie de son sacerdoce à étudier l'Union soviétique et, s'il s'inquiétait des menaces pesant sur la vie et le témoignage chrétiens dans un Occident riche et matérialiste, il était beaucoup plus préoccupé par les dangers du communisme, qu'il considérait à juste titre comme une idéologie impérialiste. Il percevait que la défaite du totalitarisme nazi provoquerait un vaste conflit entre le totalitarisme soviétique et l'Occident démocratique et libéral.

Peu après son arrivée à Bratislava, il ne faisait plus de doute que l'Armée rouge serait la première à atteindre la Tchécoslovaquie. En 1944, le gouvernement tchèque en exil avait même conclu un accord formel avec Staline garantissant qu'après avoir chassé les nazis, les Soviétiques rendraient sa liberté à leur nation.

Parce qu'il connaissait les Soviétiques et leurs méthodes, le père Kolaković savait que c'était un mensonge. Il avertit les catholiques slovaques de ce qu'à la fin de la guerre, leur pays tomberait sous la domination d'un gouvernement fantoche à la botte de l'Union soviétique, et il se consacra à les préparer à la persécution.

L'impréparation des chrétiens slovaques

Le père Kolaković le savait, le cléricalisme et la passivité du catholicisme traditionnel slovaque ne feraient pas le poids face au communisme. D'une part, il avait deviné que les communistes essaieraient de contrôler l'Église en soumettant le clergé. D'autre part, il avait compris que les épreuves spirituelles qui attendaient les croyants sous le régime communiste seraient terribles et les pousseraient dans leurs retranchements. Pasteur charismatique, il prêcha que seule une dévotion totale au Christ leur permettrait de franchir les obstacles à venir.

« Donnez-vous complètement au Christ, chargez-le de tous vos soucis et de tous vos désirs, car il a les épaules larges, et vous serez témoins de miracles », disait-il, rapporte un de ses disciples[1].

Se donner complètement au Christ, ce n'était ni une abstraction ni un vœu pieu. Il fallait que cela se fasse de manière concrète, et en communauté. La destruction totale engendrée par la Première Guerre mondiale avait ouvert les yeux des jeunes catholiques sur la nécessité d'une nouvelle évangélisation. Un prêtre belge du nom de Joseph Cardijn, qui avait perdu son père dans un accident minier, avait lancé un mouvement laïque pour toucher la classe ouvrière, la Jeunesse ouvrière chrétienne (JOC), dont les militants étaient appelés « jocistes ». C'est inspiré par cet exemple que le père

1. Václav Vaško, « Professeur Kolaković : mythes et réalité », *Impulz* 3 (2006), impulzrevue.sk/article.php? 135.

Kolaković avait créé des communautés adaptées aux besoins de l'Église catholique dans la Slovaquie occupée par les Allemands. Il établit des cellules de jeunes catholiques qui se réunissaient pour prier, étudier et passer ensemble des moments fraternels.

Il enseignait aux jeunes croyants slovaques que chaque personne devait être tenue responsable de ses actes devant Dieu. La liberté, c'est la responsabilité, disait-il : elle est un moyen de vivre dans la vérité. La devise des jocistes devint celle de ce que le père Kolaković appelait sa « Famille » : « Voir. Juger. Agir. » *Voir* : s'éveiller à la réalité qui vous entourait. *Juger* : savoir discerner, avec sobriété, la signification de cette réalité à la lumière de ce que l'on savait être vrai, en particulier des enseignements de la foi chrétienne. Une fois parvenu à une conclusion, il fallait *agir* pour résister au mal.

Václav Vaško, un disciple de Kolaković, écrivait à la fin de sa vie que, si le ministère du prêtre avait eu une telle influence sur les jeunes catholiques, c'est qu'il reconnaissait l'importance de la vie laïque et poussait à prendre les choses en main et à assumer ses responsabilités.

« Il est remarquable de voir comment Kolaković parvint, presque instantanément, à créer une communauté soudée par la confiance mutuelle et l'amitié à partir d'un groupe aussi disparate (prêtres, religieux et laïcs d'âge, d'éducation et de maturité spirituelle variés) », écrit-il.

Les petits groupes de la Famille se réunissaient au départ pour étudier la Bible et prier ; rapidement, ce fut pour écouter les enseignements du père Kolaković sur la philosophie, la sociologie et d'autres sujets intellectuels. Il apprenait également aux jeunes à travailler en secret et à résister aux interrogatoires qui, disait-il, ne manqueraient pas d'arriver.

La Famille se répandit très vite à travers le pays. « À la fin de l'année scolaire 1944, relate Vaško, il aurait été difficile de trouver une université ou un lycée, à Bratislava ou dans n'importe quelle grande ville, qui n'accueille pas l'un de nos cercles. »

En 1946, les autorités tchèques expulsèrent le prêtre activiste. Deux ans plus tard, le pouvoir tomba tout à fait aux mains des communistes, exactement comme il l'avait prédit. En quelques années, presque toute la Famille avait été emprisonnée, et l'Église tchécoslovaque brutalement forcée de se soumettre. Mais quand les membres de la Famille sortirent de prison, dans les années 1960, ils se mirent à appliquer ce que leur père spirituel leur avait appris. En secret, les deux principaux lieutenants du père Kolaković, le médecin Silvester Krčméry et le prêtre Vladimír Jukl, montèrent des cercles chrétiens à travers tout le pays, et entreprirent de bâtir l'Église souterraine.

Celle-ci, dirigée par les enfants et petits-enfants spirituels du prêtre visionnaire, devint l'un des fers de lance de la dissidence anticommuniste pendant quarante ans. C'est elle qui, en 1988, organisa une manifestation monstre à Bratislava pour réclamer la liberté de culte. La manifestation des Bougies fut la première grande action de protestation contre l'État, et servit de déclencheur à la révolution de Velours qui fit tomber le régime communiste un an plus tard. Dans le bloc soviétique, la Slovaquie fut l'un des États les plus violents à l'encontre des chrétiens, et pourtant l'Église catholique y prospéra dans la résistance, parce qu'un homme ayant prévu ce qui allait se passer, y avait préparé son peuple.

Le néo-totalitarisme

Comment le père Kolaković avait-il su ce qu'allaient subir les habitants d'Europe centrale ? À notre connaissance, il ne jouissait d'aucun don surnaturel. Seulement, afin de se préparer à une mission d'évangélisation en Russie, il avait étudié très scrupuleusement le communisme soviétique et s'était imprégné des manières de penser et d'agir des Soviétiques. Il savait lire les signes géopolitiques de son temps. Et en tant que résistant catholique au totalitarisme dans sa version nazie, il avait fait l'expérience sur le terrain du combat clandestin contre une idéologie monstrueuse.

Les survivants actuels du communisme soviétique sont, à leur manière, nos propres Kolaković, quand ils nous avertissent de la venue du totalitarisme, c'est-à-dire d'une forme de gouvernement qui combine l'autoritarisme politique avec une idéologie qui cherche à contrôler la vie dans tous ses aspects. Le totalitarisme à venir ne sera pas l'exacte copie de celui de l'URSS. Il ne s'établit pas par des méthodes « dures » comme la révolution armée, et n'impose pas sa loi par les goulags. Son contrôle, au début du moins, il l'exerce au contraire à la manière douce. C'est un totalitarisme thérapeutique. Il cache sa haine des réfractaires à son idéologie utopique derrière le masque de l'aide et de la guérison.

Pour saisir toute la menace du totalitarisme, il est important de comprendre ce qui le différencie du simple autoritarisme. L'autoritarisme, c'est ce qu'il advient lorsque l'État a le monopole du contrôle politique. La dictature en est un exemple – c'est certainement un mal, mais le totalitarisme est pire encore. D'après Hannah Arendt, la meilleure spécialiste du totalitarisme, une société est totalitaire si une idéologie cherche à y transformer toutes les traditions et institutions antérieures afin d'en contrôler tous les aspects. Un État est totalitaire lorsqu'il aspire tout bonnement à définir et contrôler le réel. Ce sont les dirigeants qui décident de ce que sera la vérité. Comme l'écrit Arendt, partout où le totalitarisme a régné, « il s'est attelé à détruire l'essence de l'homme[2] ».

Dans sa quête de redéfinition du réel, l'État totalitaire cherche non seulement à contrôler vos actions, mais encore vos pensées et vos émotions. Le citoyen idéal est celui qui a appris à aimer Big Brother.

À l'époque soviétique, le totalitarisme astreignait à l'amour du Parti, le respect des exigences de celui-ci étant assuré par l'État. Le totalitarisme d'aujourd'hui exige l'allégeance à un ensemble de croyances progressistes incompatibles avec la plus élémentaire logique – et certainement avec le christianisme. C'est moins l'État qui garantit l'obéissance que certaines élites prescriptrices

2. Hannah ARENDT, *The Origins of Totalitarianism*, New York, Harcourt, 1973, préface inédite, VIII.

et entreprises privées qui, grâce à la technologie, contrôlent nos vies bien au-delà de ce que nous oserions l'admettre.

Beaucoup de conservateurs d'aujourd'hui ont du mal à saisir la gravité de cette menace, la rejetant sous le vocable de « politiquement correct » – un terme péjoratif désormais un peu dépassé, pour désigner ce que l'on appelle le « wokisme[3] ». Nous ne pouvons plus balayer les inquiétudes des lanceurs d'alerte tels que mon professeur originaire d'Union soviétique, comme le faisaient les conservateurs d'il y a trente ans en répétant : « Soyez patient, attendez que ces gosses découvrent le monde réel et se cherchent un travail. »

Parce qu'ils *ont* trouvé du travail, et exporté les modes de pensée des associations étudiantes jusque dans les entreprises, dans la justice, dans la médecine, dans les *media*, dans les écoles, les collèges et toutes les institutions. Ils mènent une révolution culturelle dont l'objectif est de transformer l'Occident en un immense campus universitaire *woke*.

Aujourd'hui, ceux qui n'adhèrent pas à la ligne du parti *woke* peuvent voir leur entreprise, leur carrière, leur réputation détruites. Ils sont exclus de la sphère publique, stigmatisés voire diabolisés comme racistes, sexistes, homophobes, etc. Et ils n'osent pas résister car ils sont convaincus que personne ne les rejoindra, que personne ne les défendra.

La douceur du *soft* totalitarisme

S'il est aussi aisé d'ignorer la montée du totalitarisme, c'est souvent parce que l'on a du mal à comprendre comment il fonctionne. En 1951, le poète et critique littéraire polonais Czesław

3. De l'anglais *woke*, « éveillé » : est *woke* celui qui a « ouvert les yeux » sur les injustices et l'« oppression systémique » dont seraient victimes telles ou telles minorités. L'expression, au départ employée par la gauche, a été récupérée par ses critiques et a pris un tour nettement ironique (N.d.T.).

Miłosz, chassé du bloc de l'Est comme dissident, écrivait que les Occidentaux comprenaient mal la nature du communisme parce qu'ils pensaient « exclusivement en termes de contrainte et d'oppression », sans voir qu'il existait une « soif d'harmonie spirituelle et de bonheur », plus profonde que la peur ordinaire ou que le désir d'échapper à la misère et à la destruction physique[4].

Dans *La Pensée captive*, Miłosz expliquait que l'idéologie communiste comblait un vide qui s'était ouvert dans la vie des intellectuels du début du xxe siècle, dont la plupart avaient cessé de croire à la religion.

Le totalitarisme de gauche d'aujourd'hui prétend une fois de plus étancher une soif intérieure, en particulier la soif d'une société plus juste qui libérerait et défendrait les victimes historiques de l'oppression. Il se pare des atours de la gentillesse tout en diabolisant les dissidents et certains groupes démographiques défavorisés afin de ménager les sentiments des « victimes » de faire advenir la « justice sociale ».

Le culte contemporain de la justice sociale identifie les membres de certains groupes sociaux comme des agresseurs, puis il en fait ses boucs émissaires et proclame que leur suppression est une question de justice. Ainsi, les « guerriers de la justice sociale », plus connus sous le sigle *SJW*[5], au départ animés par un sincère sentiment de compassion et une pensée authentiquement libérale, finissent par abandonner tout libéralisme et par embrasser une politique agressive et punitive qui ressemble au bolchevisme.

Au tournant du xxie siècle, le philosophe René Girard prévenait, prophétique : « La surenchère perpétuelle transforme le souci des victimes en une injonction totalitaire, une inquisition permanente[6]. »

---

4. Czesław Miłosz, *La Pensée captive*, Paris, Gallimard, coll. Folio, 1988, p. 26.
5. De l'anglais social *justice warriors*, terme péjoratif utilisé principalement par les adversaires de ce courant (N.d.T.).
6. René Girard, *Je vois Satan tomber comme l'éclair*, Paris, Grasset, 1999.

C'est ce que nous disent les survivants du communisme : le souci admirable d'une certaine gauche libérale pour les plus faibles et les exclus se transforme rapidement en une idéologie monstrueuse qui, si on ne l'arrête pas, transformera la démocratie libérale en une forme douce et thérapeutique de totalitarisme.

Le thérapeutique comme mode d'existence postmoderne

Le *soft* totalitarisme exploite la préférence décadente de l'homme moderne pour les plaisirs personnels plutôt que pour de grands principes, dont les libertés politiques. Le peuple n'offrira aucune résistance au *soft* totalitarisme à venir (quand il ne le soutiendra pas carrément), non pas parce qu'il craindrait qu'on lui fasse subir des châtiments cruels, mais parce qu'il sera plus ou moins satisfait de son confort hédoniste. Ce n'est pas dans *1984* que l'on peut avoir un véritable aperçu de ce qui va arriver, mais dans *Le Meilleur des mondes* d'Aldous Huxley. Le critique américain James Poulos parle d'« État policier rose » [*Pink Police State*] : un arrangement tacite par lequel le peuple accepte d'abandonner ses droits politiques en échange de la garantie que son plaisir personnel sera satisfait.

Le *soft* totalitarisme, comme nous le verrons dans un chapitre ultérieur, n'impose pas (encore) officiellement la surveillance technologique ; il préfère qu'elle soit accueillie par les consommateurs comme une aide qui facilite la vie au quotidien – et, dans le contexte de l'après-pandémie, comme une exigence de santé publique. Difficile de dénoncer Big Brother quand on s'est habitué à ce que Big Data surveille de près votre vie privée via toutes sortes d'applications, de cartes de crédit et d'objets intelligents qui rendent la vie si simple et si agréable. Dans la dystopie d'Orwell, l'État a installé des « télécrans » chez les citoyens pour ne rien perdre de leur vie quotidienne. Aujourd'hui, nous installons des enceintes connectées chez nous pour maximiser notre sentiment de bien-être.

Comment cette maximisation est-elle devenue le but ultime des habitants de nos sociétés modernes ? Le sociologue et critique américain Philip Rieff était un non-croyant, et pourtant il est peu de prophètes à avoir décrit de manière plus percutante la nature de la révolution culturelle qui a submergé l'Occident au XXe siècle, révolution qui constitue les fondations mêmes du *soft* totalitarisme.

Dans son célèbre essai de 1966 *The Triumph of the Therapeutic* [*Le triomphe du thérapeutique*], Rieff écrit que la mort de Dieu en Occident a donné naissance à une nouvelle civilisation vouée à libérer l'individu de toute contrainte dans sa recherche du plaisir individuel et dans la gestion des angoisses qui en découlent. L'homme religieux, qui vivait selon la croyance en des principes transcendants qui ordonnaient la vie autour d'objectifs communs, a cédé la place à l'homme psychologique, qui croit qu'il n'existe aucun ordre transcendant et que la vie consiste à expérimenter jusqu'à ce que l'on ait trouvé sa propre voie. L'homme ne se conçoit plus comme un pèlerin qui a entrepris, avec d'autres, un grand voyage, mais comme un touriste qui explore la vie selon un itinéraire de son cru, avec pour but ultime son bonheur personnel.

Pour Rieff, cette révolution a été plus radicale encore que celle qu'ont menée les bolcheviques en 1917. Pour la première fois, l'humanité s'est attelée à créer une civilisation fondée sur la négation de tout ordre transcendant et contraignant. Les bolcheviques n'avaient peut-être pas de dieu, mais ils croyaient tout de même dans un ordre métaphysique qui exigeait que les individus subordonnent leurs désirs personnels à une cause supérieure. Près d'un quart de siècle avant la chute du mur de Berlin, Rieff prédisait que le communisme serait incapable de résister à la révolution culturelle occidentale, laquelle se faisait fort de donner à l'individu la liberté de vivre une vie hédoniste et individualiste. Sans ordre sacré, c'est la promesse originelle du Serpent dans le jardin d'Éden – « Vous serez comme des dieux » – qui devient le principe fondateur de la nouvelle culture.

Rieff comprenait cependant que, sans culte – c'est-à-dire sans croyance partagée en un ordre sacré auquel on se soumet –, on ne peut pas avoir de culture, mais seulement une « anti-culture ». Or une anti-culture est intrinsèquement instable ; pourtant, Rieff doutait que les gens élevés dans cet ordre social soient jamais disposés à revenir aux anciennes habitudes.

Même les leaders religieux, écrit-il, se mentent à eux-mêmes sur la capacité des institutions qu'ils dirigent à résister au thérapeutique. Rieff a prévu la transformation à venir de la religion en spiritualité liquide à même d'absorber n'importe quoi, et il a pu voir se réaliser la prédiction qu'il avait faite en 1966. En 2005, les sociologues Christian Smith et Melinda Lundquist Denton ont inventé le concept de « déisme éthico-thérapeutique » pour décrire la forme décadente adoptée par le christianisme (et par presque toutes les religions) dans la société contemporaine. Ce déisme consiste en la croyance générale que Dieu existe, et que la seule chose qu'il exige de nous est que nous soyons gentils et heureux.

Dans la culture thérapeutique qui a partout triomphé, le péché par excellence est de s'opposer à la liberté qu'a autrui de trouver le bonheur comme bon lui semble. Cela va de pair avec la révolution sexuelle qui, avec la « politique d'identité » de genre ou ethnique, a remplacé, après son échec, la lutte des classes qui formait le cœur utopique de la gauche radicale. Ces révolutionnaires culturels ont trouvé un allié dans le « capitalisme avancé », qui enseigne que rien ne devrait exister en dehors des mécanismes du marché et du classement des valeurs qu'ils opèrent selon les désirs humains.

La guerre froide et les retombées des conflits culturels des années soixante et soixante-dix ont conduit de nombreux chrétiens conservateurs à considérer que la droite de gouvernement et l'économie de marché étaient la seule voie politique en accord avec la morale chrétienne. Avançant masqué derrière le dogme du marché libre, le relativisme a aidé à l'absorption de l'esprit thérapeutique par la droite chrétienne. Après tout, si la vraie liberté consiste simplement à avoir le choix (par opposition à la définition classique : choisir la vertu), alors plus rien ne s'oppose à ce que la religion soit réformée selon des lignes thérapeutiques, autour du concept central d'« expérience consommateur ». C'est la raison pour laquelle les chrétiens sont si peu nombreux à pouvoir s'expliquer les triomphes répétés de l'idéologie transgenre, laquelle n'affirme rien d'autre que la prévalence du psychologique sur le biologique, ce qui en fait l'aboutissement logique d'un processus entamé il y a bien des siècles.

La résistance à grande échelle des chrétiens à l'anti-culture s'est révélée infructueuse, et elle le demeurera probablement pour longtemps. Pourquoi ? Parce que l'esprit thérapeutique a largement conquis nos églises, même dans les courants soi-disant conservateurs. Très peu de chrétiens contemporains sont prêts à souffrir pour leur foi, parce que la société thérapeutique qui les a formés n'admet aucun bénéfice à la souffrance, au point que l'idée de la supporter au nom de la vérité semble désormais ridicule.

Le *ketmân* et la pilule Murti-Bing

Il est difficile pour les personnes élevées dans le monde libre de saisir l'ampleur et la profondeur du mensonge nécessaires simplement pour exister sous le communisme. Tous les mensonges, accumulés encore et encore, qui ont formé l'ordre communiste ont été construits sur la base de ce mensonge fondamental : l'État communiste est la seule source de vérité. Orwell l'a formulé ainsi dans *1984* : « Le Parti disait de rejeter le témoignage des yeux et des oreilles. C'était le commandement final et le plus essentiel[7]. »

Sous la dictature de Big Brother, le Parti comprend qu'en changeant de langue – en imposant à la société un jargon qu'il nomme *novlangue* –, il pourra contrôler les catégories de pensée des gens. « Liberté » signifie esclavage ; « vérité », mensonge, et ainsi de suite. C'est par la *doublepensée*, c'est-à-dire le « pouvoir de garder à l'esprit simultanément deux croyances contradictoires, et de les

7. George Orwell, *1984*, Paris, Gallimard, 1950, trad. Amélie Audiberti, chap. VII.

accepter toutes deux », que les gens apprennent à soumettre leur esprit à l'idéologie du Parti.

Si le Parti dit « 2 + 2 = 5 », alors 2 + 2 = 5. Le but est de vous convaincre que toute vérité existe dans l'esprit, et que l'esprit correctement ordonné tient pour vrai tout ce que dit le Parti.

Orwell écrit :

> C'était comme si une force énorme exerçait sa pression sur vous. Cela pénétrait votre crâne, frappait contre votre cerveau, vous effrayait jusqu'à vous faire renier vos croyances, vous persuadant presque de nier le témoignage de vos sens.
> Le Parti finirait par annoncer que deux et deux font cinq et il faudrait le croire. Il était inéluctable que, tôt ou tard, il fasse cette déclaration. La logique de sa position l'exigeait. Ce n'était pas seulement la validité de l'expérience, mais l'existence même d'une réalité extérieure qui était tacitement niée par sa philosophie. L'hérésie des hérésies était le sens commun[8].

À notre époque, nous n'avons pas d'État tout-puissant pour nous imposer ce genre de chose. Sous le *soft* totalitarisme, les *media*, les universités, les entreprises et autres institutions pratiquent le novlangue et nous forcent à adopter la doublepensée chaque jour. *Les hommes aussi peuvent avoir leurs règles. Cette femme que vous voyez est un « il ». La diversité et l'inclusion signifient l'exclusion de ceux qui s'opposent à l'uniformité idéologique. L'équité consiste à traiter les personnes de manière inégale, quelles que soient leurs compétences et leurs réalisations, de façon à obtenir un résultat conforme à l'idéologie.*

Mettons Orwell au goût du jour : « Le ministère de la Diversité, de l'Équité et de l'Inclusion dit de rejeter le témoignage des yeux et des oreilles. C'est le commandement final et le plus essentiel. »

8. *Ibid.*

De nombreux chrétiens savent démasquer ces mensonges, mais ils préfèrent se taire. Leur silence, néanmoins, ne les sauvera pas, selon Miłosz : au contraire, il ne fera que les corrompre.

Dans son essai sur la nature trompeuse du communisme, Miłosz fait référence au roman *L'Inassouvissement*, publié en 1930. Son auteur, le Polonais Stanisław Witkiewicz, y dépeint un avenir dystopique où les Européens, culturellement épuisés, ont sombré dans la décadence. Une armée d'invasion mongole menace la frontière orientale de la Pologne.

Sa stratégie de conquête passe par des vendeurs de rue qui proposent aux habitants des « pilules Murti-Bing », du nom d'un philosophe mongol qui a trouvé le moyen d'inoculer sa philosophie de l'insouciance et du bonheur simple sous forme de médicaments. Ceux qui ingèrent la pilule Murti-Bing oublient toutes leurs craintes, même lorsque le monde s'effondre autour d'eux. Quand l'armée venue d'Orient arrive enfin, la population se rend de bonne grâce.

Mais la paix ne dure pas. « [C]omme ils ne peuvent se débarrasser complètement de leur ancienne personnalité, ils deviennent des exemples parfaits de schizophrénie[9] », écrit Miłosz.

Que faire lorsque les effets de la pilule Murti-Bing disparaissent et que l'on se retrouve au milieu du tissu de mensonges officiels d'une dictature, où quiconque contredit la ligne du Parti finit en prison ?

On devient alors comédien, nous dit Miłosz. On apprend le *ketmân*. Ce mot persan désigne la pratique consistant à se maintenir en apparence dans l'orthodoxie officielle, tout en ayant par-devers soi des opinions dissidentes. C'était typiquement la stratégie adoptée par quiconque n'était pas un vrai adepte du communisme pour s'éviter des ennuis. Le *ketmân* est une forme d'auto-défense mentale.

En quoi diffère-t-il de la pure et simple hypocrisie ? Comme l'explique Miłosz, devoir faire semblant sans arrêt finit inévitablement

9. Miłosz, *op. cit.*, p. 26.

par vous changer. Un comédien qui jouerait son rôle 24 heures sur 24 deviendra fatalement le personnage qu'il interprète. Le *ketmân* est pire que l'hypocrisie, car il finit par corrompre le caractère individuel, puis la société dans son ensemble.

Miłosz identifie huit formes de *ketmân* appliquées sous le régime communiste. Par exemple, le « *ketmân* professionnel », lorsque l'on se persuade qu'il n'y a rien de mal à vivre un mensonge sur son lieu de travail s'il nous permet de travailler en toute liberté. Le « *ketmân* métaphysique » est la forme la plus élaborée de cette stratégie, une défense contre la dégradation totale. Il consiste à se convaincre qu'il vous est possible d'être un adversaire sincère du nouveau régime tout en travaillant avec lui. Les chrétiens qui collaboraient avec les régimes communistes se rendaient coupables de *ketmân* métaphysique. Lequel, d'après Miłosz, représente en fin de compte la victoire ultime du Grand Mensonge sur l'âme individuelle.

Sous la nouvelle tyrannie *woke*, les conservateurs, y compris chrétiens, apprennent à pratiquer le *ketmân* sous l'une ou l'autre forme. Ceux qui sont le plus dupés sont ceux qui se persuadent qu'ils peuvent vivre honnêtement dans des systèmes *woke* en s'y conformant extérieurement et en apprenant à adapter leurs convictions à l'ordre nouveau. Miłosz a bien compris de quoi il retourne en réalité : « Ils trompent le diable qui croit les tromper ; le diable sait bien qu'ils croient le tromper et il est content[10]. »

Vivre dans la vérité

Le jour de son ultime arrestation à Moscou, le 12 février 1974, Alexandre Soljénitsyne publiait ce qui serait son dernier message au peuple soviétique avant que le gouvernement ne l'exile à l'Ouest. Il y exhortait les siens à « vivre sans mentir[11] ».

10. *Ibid.*, p 105.

11. Soljénitsyne, *Vivre sans mentir*, *op. cit.*

Que signifie vivre dans le mensonge? Accepter sans broncher les contre-vérités et la propagande que l'État obligeait ses citoyens à répéter pour vivre sans histoire sous la coupe du totalitarisme. Tout le monde affirme n'avoir d'autre choix que de se conformer et d'accepter sa propre impuissance, écrit Soljénitsyne. Mais c'est un mensonge; un mensonge qui donne à tous les autres leur puissance malfaisante. L'homme ordinaire n'a peut-être pas les moyens de mettre fin au règne du mensonge, mais il peut au moins affirmer qu'il ne sera pas son fidèle sujet.

> Nous ne sommes pas appelés à – nous ne sommes pas mûrs pour – aller sur la place publique et proclamer à grands cris la vérité, et dire tout haut ce que nous pensons tout bas, écrit-il. Ce n'est pas pour nous, cela fait peur. Mais refusons au moins de dire ce que nous *ne pensons pas!*

Qui choisit de vivre sans mentir :

- ne dira, n'écrira, n'affirmera, ne diffusera rien qui déforme la vérité;
- ne participera à aucune manifestation ou action collective à moins d'adhérer sincèrement à la cause défendue;
- n'assistera pas aux réunions où la discussion est menée de façon coercitive et où personne ne peut parler en vérité;
- ne votera pas pour une personne ou une proposition « qu'il tient pour indigne ou douteuse »;
- quittera toute manifestation « dès qu'il aura entendu un orateur proférer un mensonge, une ineptie idéologique ou des phrases de propagande impudente »;
- ne soutiendra pas le journalisme qui « déforme l'information ou passe sous silence des faits essentiels ».

> Notre énumération, cela va de soi, ne recouvre pas tous les cas possibles et nécessaires où il faut s'écarter du mensonge, poursuit Soljénitsyne. Mais quiconque sera entré dans la voie

> de la purification n'aura aucune peine à discerner d'autres cas avec une clairvoyance nouvelle[12].

La tâche du dissident chrétien aujourd'hui est de s'engager personnellement à vivre sans mentir. Mais comment pourrait-il y parvenir seul ? Il lui faut chercher une authentique direction spirituelle, qu'elle soit ecclésiastique ou laïque, ou les deux, et former avec d'autres croyants de petites cellules où il peut prier, chanter, étudier l'Écriture et d'autres ouvrages essentiels à sa mission. Avec les autres membres de sa cellule, le dissident discute des problèmes et des défis auxquels ils sont confrontés en tant que chrétiens, en particulier les obstacles à leur liberté. Ils suivent la méthode prônée par Kolaković : « Voir. Juger. Agir. » Identifier la difficulté, discerner sa signification, puis agir en accord avec les conclusions que l'on a tirées.

Avec le temps, les dissidents chrétiens d'aujourd'hui doivent finir par se considérer comme les héritiers de la Famille du père Kolaković, par étendre le mouvement et aider les croyants à se préparer aux jours de souffrance et à la résistance qui se profilent. Le *soft* totalitarisme arrive. Comme nous allons le voir, le terrain lui a été préparé.

12. *Ibid.*

Chapitre 2

Notre culture pré-totalitaire

Tous les jeunes se tournent vers la solution communiste ou fasciste lorsqu'il n'y a pas d'issue au désespoir ou à la dispersion.

Nadine GORDIMER[1]

J'ai été très marqué, lors d'un dîner chez des amis russes orthodoxes dans la banlieue de Moscou, par une conversation que nous avons eue à propos de l'oppression soviétique, que les parents avaient bien connue. « J'ai du mal à comprendre comment qui que ce soit pouvait croire un seul mot des promesses des bolcheviques, dis-je avec désinvolture.

— Tu as du mal à comprendre? Je vais t'expliquer », m'a répondu le père de famille, avant de se lancer dans un récit historique couvrant trois siècles et s'achevant sur la Révolution de 1917. L'histoire terrible d'une puissante caste de riches aristocrates et ecclésiastiques traitant les paysans à peine mieux que des animaux. « Les bolcheviques étaient mauvais, conclut-il, mais il n'est pas difficile de comprendre pourquoi ils sont arrivés. »

Il avait raison; j'avais eu tort. La cruauté, l'injustice, l'implacabilité et parfois la pure stupidité du gouvernement tsariste et de

1. Nadine GORDIMER, *Telling times. Writing and Living*, 1954-2008, publié en français sous le titre *Récits de vies* (1954-2008), trad. Philippe Delamare, Paris, Grasset, 2013.

l'ordre social russe ne justifient en aucune façon tout ce qui a suivi, mais elles expliquent pourquoi la génération révolutionnaire a été si enthousiaste à l'idée de placer ses espérances dans le communisme. Celui-ci promettait une échappatoire à la fange et à la misère qui avaient été le lot des paysans russes depuis toujours.

Cette histoire du basculement de la Russie dans la révolution est plus pertinente pour comprendre la société contemporaine que la plupart d'entre nous le pensons.

La Russie dans laquelle est apparu le communisme était devenue une grande puissance mondiale sous le règne des Romanov, mais il était clair que l'empire s'essoufflait et se désagrégeait à mesure que s'approchait le XXe siècle. Tandis que les autres nations s'industrialisaient à toute allure, la Russie prenait du retard et continuait de se reposer sur son économie agricole et sa paysannerie. En 1891, une grande famine frappa le pays au cœur et révéla les faiblesses du système tsariste, qui se montra absolument incapable de répondre à la crise. Le jeune Nicolas II, monté sur le trône en 1894, ne sut pas relever les défis urgents auxquels son gouvernement faisait face.

Toutes les tentatives de soulèvement de la paysannerie, profondément conservatrice, étaient restées sans lendemain. Mais à la fin du siècle, l'industrialisation avait fini par former un nombreux prolétariat urbain coupé de sa campagne d'origine, donc des traditions et des croyances religieuses qui faisaient autrefois son unité. Les ouvriers vivaient dans la misère des villes, exploités par les propriétaires d'usines, sans aucune aide du tsar. Les appels à la réforme du système impérial – y compris de l'Église orthodoxe sclérosée – étaient systématiquement ignorés.

Bien peu, dans la société russe extérieure à la bulle de la cour impériale, croyaient que le système pourrait continuer encore longtemps. Mais le tsar Nicolas II et ses plus proches conseillers maintenaient que s'en tenir aux méthodes éprouvées de l'autocratie traditionnelle permettrait de survivre à la crise. Les chefs religieux faisaient la sourde oreille aux appels du clergé qui voyait disparaître l'influence de l'Église. Les intellectuels et les artistes russes étaient tombés sous l'emprise du prométhéisme, c'est-à-dire de la croyance que l'homme est détenteur d'un pouvoir divin illimité qui lui permet de transformer le monde selon son propre désir.

Avec du recul, cette histoire est à peine croyable. Comment les Russes ont-ils pu être aussi aveugles ? C'était, en un sens, un problème d'imagination. Évoquant la rapidité avec laquelle les rêves utopiques se sont transformés en un cauchemar macabre, Soljénitsyne écrivait :

> Si, aux intellectuels de Tchekhov qui passaient leur temps à essayer de deviner ce qu'il adviendrait dans vingt, trente ou quarante ans, on avait répondu que, quarante ans plus tard, dans la Sainte Russie, on torturerait les inculpés pendant l'instruction, on leur comprimerait le crâne à l'aide d'un cercle de fer, on les plongerait dans des baignoires d'acide, on les attacherait nus pour les livrer en pâture aux fourmis ou aux punaises, on leur enfoncerait dans l'anus une baguette à fusil chauffée à blanc sur un réchaud (opération du « marquage secret »), et, en guise de traitement le plus bénin, on leur infligerait pendant une semaine d'affilée le supplice de la privation de sommeil et de la soif tout en les battant jusqu'à ce que leur chair ne soit plus qu'une bouillie sanglante, aucune des pièces de Tchekhov ne serait arrivée jusqu'à son dénouement : tous ses héros auraient pris le chemin de l'asile[2].

Si les tsaristes n'ont pas su voir ce qui se profilait, les esprits les plus libéraux non plus. Cela dépassait tout ce que l'on pouvait imaginer.

2. Alexandre SOLJÉNITSYNE, *L'Archipel du Goulag*, Éditions du Seuil, 1974-1976, chap. 3.

Pourquoi les Russes ont souscrit au communisme

Le marxisme est un ensemble de doctrines très abstraites et hautement théoriques, difficiles à appréhender pour le non-spécialiste. Il a fait fureur parmi la classe intellectuelle russe parce que ses promoteurs le présentaient comme une religion laïque pour un mode post-religieux.

Il est vrai que Marx méprisait la religion, mais cela ne l'a pas empêché d'exprimer une vision de l'économie politique qui correspondait étrangement aux promesses du christianisme millénariste. La philosophie politique à laquelle il allait donner son nom considère que le moteur de l'histoire est la lutte des classes. Marx croyait que les malheurs du monde avaient pour origine les inégalités de classe causées par l'exploitation des masses laborieuses par les riches. La religion était, selon les termes de Marx, l'« opium du peuple », c'est-à-dire une sorte de drogue atténuant ses souffrances et l'empêchant de voir sa véritable condition. Marx prêchait une révolution qui arracherait le contrôle aux riches (les capitalistes) au nom du prolétariat (les travailleurs) et établirait un gouvernement tout-puissant qui redistribuerait les ressources équitablement avant de disparaître. Le point crucial était qu'il envisageait la révolution comme une confrontation sanglante entre le Bien (les travailleurs) et le Mal (les capitalistes) et prophétisait la victoire de la justice et l'établissement d'un paradis terrestre.

Marx croyait que ses enseignements étaient fondés sur la science, laquelle avait au XIXe siècle remplacé la religion comme principale autorité intellectuelle. C'était l'âge d'or du libéralisme en Europe, où les nations autrefois gouvernées par des rois et des aristocraties s'efforçaient de se réformer selon des lignes constitutionnelles et républicaines. La Russie ayant fermement rejeté cette réforme, le libéralisme russe sombra face à l'autocratie tsariste et à l'indifférence des masses paysannes.

Les années passant, les Russes instruits comprirent à quel point leur pays agraire prenait du retard par rapport à l'Europe en pleine modernisation industrielle, politique et économique.

La jeunesse russe ressentait cruellement l'échec des libéraux à changer le système. Au milieu du déclin, le marxisme trouva un écho parmi les jeunes intellectuels fébriles qui en avaient assez de l'ancien ordre, et qui, ayant perdu toute foi dans la possibilité de le réformer, ne désiraient plus qu'une chose : démolir le système et le remplacer par quelque chose d'entièrement différent.

Le marxisme, c'était l'avenir. Il était synonyme de progrès. Son évangile alluma un feu dans l'esprit des radicaux prérévolutionnaires, dont les prêtres et les prophètes étaient des intellectuels, qui avaient en quelque sorte pour religion de ne pas en avoir. L'historien Yuri Slezkine écrit : « Se convertir au socialisme, c'était se convertir à l'intelligentsia, soit à un mélange indissoluble de foi millénariste et d'apprentissage continu[3]. »

Parmi les intellectuels, le radicalisme d'extrême gauche se répandit principalement par le biais de groupes de lecture. Dès lors que l'on avait adopté la foi marxiste, tout le reste s'éclairait. Les intellectuels allèrent par le monde pour prêcher leur pseudo-religion aux prolétaires. Ces missionnaires, d'après Slezkine, offraient à leurs auditeurs ce que des religieux appelleraient des révélations prophétiques, et en flattant la haine qui couvait dans les cœurs, ils les appelaient à la conversion.

Après avoir emporté les universités russes, les radicaux avaient prêché leur évangile dans les usines. Rares étaient les ouvriers capables de comprendre la doctrine marxiste, mais les missionnaires l'enseignaient à ceux qui pouvaient ensuite la traduire sous une forme simplifiée que les hommes ordinaires pouvaient saisir. Ces prosélytes parlaient de la souffrance du peuple, en appelaient à son sens de la justice, au ressentiment souvent justifié qu'il nourrissait à l'égard de ses exploiteurs. La grande famine de 1891-1892 avait révélé toute l'incompétence des classes dirigeantes. Les prophètes du marxisme firent entrevoir aux masses le pays où

3. Yuri SLEZKINE, *La Maison éternelle. Une saga de la Révolution russe*, La Découverte, 2017.

coulaient le lait et le miel qui les attendait après que leur révolution aurait balayé les bureaucrates au pouvoir.

La plupart des révolutionnaires étaient issus de classes privilégiées. Leurs parents auraient dû savoir que cette foi politique nouvelle prêchée par leurs enfants signifierait, si elle se réalisait, l'effondrement de l'ordre social. Mais ils ne les détrompèrent pas. Slezkine poursuit : « Les "étudiants" étaient presque toujours soutenus par leurs familles pendant leur scolarité et presque jamais bannis lorsqu'ils devenaient révolutionnaires[4]. » Sans doute les parents ne voulaient-ils pas aliéner leurs fils et leurs filles. Peut-être même avaient-ils eux aussi, après l'expérience de la terrible famine et la révélation de l'incapacité de l'État à prendre soin des affamés, perdu confiance dans le système.

En 1905, des vagues de troubles balayèrent la Russie. La défaite de l'empire dans la guerre qui l'opposait au Japon l'année précédente avait encore déstabilisé davantage le trône et attisé le mécontentement dans l'armée. La pauvreté généralisée et l'instabilité économique avaient fini par acquérir la paysannerie et les ouvriers de l'industrie aux idées des étudiants radicaux. Le « problème des nationalités », soit l'inaptitude de l'empire à traiter équitablement les nombreuses minorités non russes sous son gouvernement, était une cause supplémentaire d'échauffement des esprits. La première réponse de Nicolas II fut caractéristique : la répression. Mais la violence antiétatique prit une telle ampleur qu'il fut bientôt contraint d'accepter certaines réformes, y compris la création d'un semblant de parlement.

La révolution de 1905 offrit un répit aux Romanov, mais l'arrivée de la Grande Guerre en 1914 scella le destin de la monarchie russe. En 1917, l'humiliante défaite de la Russie amena l'apocalypse prophétisée depuis longtemps, sous la forme de la révolution d'Octobre dirigée par Vladimir Ilitch Lénine et son parti bolchevique. Parmi les factions révolutionnaires d'extrême gauche, les bolcheviques étaient relativement peu nombreux, mais

4. *Ibid.*

sous la direction énergique de Lénine, ils étaient sans doute les plus habiles, les plus impitoyables et les plus opiniâtres. Leur victoire prouva que sous certaines conditions, une minorité capable et déterminée peut obtenir sur une masse désorganisée, sans chef et indifférente, un pouvoir absolu.

Un an après la révolution prolétarienne, les bolcheviques se lancèrent dans les massacres idéologiques de masse, ce qu'on appelle la Terreur rouge. Et ainsi, avec sa foi comme un grain de sénevé, l'intelligentsia radicale déplaça la montagne Russie et la jeta dans une mer de sang.

Il était pourtant impossible que cela arrive. Les marxistes doctrinaires européens eux-mêmes ne croyaient pas que la Russie agraire était prête pour la révolution communiste. Et pourtant…

L'évangélisation des voisins de la Russie

Il est vrai que le communisme est arrivé en Europe centrale à la pointe des baïonnettes soviétiques, mais la vérité est plus complexe que cela. Là aussi, la Première Guerre mondiale avait considérablement affaibli la société civile et inspiré de jeunes intellectuels à embrasser le marxisme.

« Dans les années 1930, avant la montée du régime communiste, le milieu culturel lui avait déjà puissamment ouvert la voie, m'expliquait Patrik Benda, un consultant politique de Prague, à propos de sa Tchécoslovaquie natale. Tous les artistes et les intellectuels prônaient les idées communistes, et ceux qui n'étaient pas d'accord étaient mis à l'écart, et ce près de deux décennies avant que le communisme ne prenne effectivement le pouvoir. »

La Seconde Guerre mondiale, catastrophe pire encore, servit les intérêts du communisme. Après les souffrances de l'occupation nazie, de nombreux Européens voulaient croire en quelque chose qui leur garantirait un avenir radieux. Une survivante tchèque des camps de la mort nazis écrivit plus tard qu'elle avait rejoint le parti communiste parce qu'elle avait supposé à tort qu'il était l'exact opposé du nazisme.

Lorsque les communistes prirent localement le pouvoir, soutenus par la puissance soviétique, les populations exsangues n'avaient plus grand-chose à leur opposer. L'historienne Anne Applebaum écrit : « Ainsi, l'immense majorité des Européens de l'Est ne conclurent pas de pacte avec le diable ni ne vendirent leur âme pour devenir des mouchards, mais succombèrent plutôt à d'incessantes pressions psychologiques et économiques quotidiennes[5]. »

Les peuples d'Europe de l'Est tombèrent donc l'un après l'autre sous des dictatures communistes soutenues par le pouvoir soviétique. Pour les habitants de ces pays captifs, le totalitarisme signifiait la destruction quasi totale de toutes les institutions non étatiques. Il signifiait une complète soumission économique à l'État et une misère matérielle générale. Il signifiait la politisation de tous les aspects de la vie, imposée par la police secrète, les prisons et les camps de travail. Il signifiait l'impitoyable persécution des croyants, l'écrasement de la liberté d'expression et l'effacement de la mémoire historique et culturelle. Et lorsque certains peuples courageux – les Hongrois en 1956, les Tchèques en 1968 – se dressèrent face à leurs oppresseurs, les forces armées soviétiques et leurs alliés les envahirent pour leur rappeler qui étaient les maîtres et qui étaient les esclaves.

Pendant plus de quarante ans, jusqu'à l'effondrement du communisme en 1989, des millions d'Européens souffrirent ainsi sous le joug de l'État policier. En Russie soviétique, l'asservissement au communisme fut plus long et plus difficile encore. Certes, les communistes se maintinrent au pouvoir par l'exercice monopolistique de la terreur et de la force. Mais n'oublions pas que le communisme ne surgit pas de nulle part, que la vie était pour certains si dure et le désespoir si profond que les proclamations

---

5. Anne Applebaum, *Rideau de fer : l'Europe de l'Est écrasée*, trad. Pierre-Emmanuel Dauzat, Paris, Grasset, 2014.

utopiques des marxistes fanatiques ressemblaient à une promesse de salut.

Sous certaines conditions, oui, cela peut nous arriver aussi. Ce ne sera pas comme en Russie ou comme en Europe de l'Est – les temps ont changé –, mais la tentation totalitaire se présente avec un visage du XXIe siècle. La comparaison entre notre société occidentale déclinante et la Russie prérévolutionnaire n'est pas exacte trait pour trait, mais elle est troublante de pertinence.

Le vieil Occident ordonné par le libéralisme classique est en train de mourir, mais son successeur n'est pas encore né. La stagnation économique, l'endettement et le creusement des écarts entre les riches et les autres arrivent au premier plan du débat politique, et les partis s'orientent vers des extrêmes idéologiques. C'est ce qui se passe partout en Europe, où les partis centristes de gauche et de droite perdent des électeurs au profit de la gauche radicale héritière du marxisme ou de la droite populiste.

Il faut ajouter à ces signes de déclin social, institutionnel et économique, auxquels les élites occidentales semblent aveugles et incapables de se confronter, l'incapacité de nos gouvernements à réagir efficacement face à la pandémie de Covid-19, qui rappelle à bien des égards la réponse honteuse du régime tsariste à la famine des années 1890. Aujourd'hui encore, un désastre naturel cause d'immenses souffrances dans la population et révèle la décomposition systémique des institutions et des pratiques de gouvernement.

Contrairement à la Russie impériale, nous ne courons pas le risque d'une insurrection armée ou d'émeutes généralisées. Aucun Lénine en exil n'attend de rentrer au pays dans un train plombé pour prendre la tête de la révolution. On aurait du mal à convaincre massivement les gens que c'est Marx qui détient la réponse à tous nos problèmes. Pour autant que nous sachions, il n'y a pas nouvelle religion politique diffusée dans les bars et les cafés.

Cela ne nous met pas pour autant à l'abri d'une forme nouvelle et différente de totalitarisme. Le terme a d'abord été utilisé par les partisans de Mussolini, qui définissait le totalitarisme de manière concise : « Tout dans l'État, rien hors de l'État, rien contre l'État ! » Autrement dit, le totalitarisme est un État dans lequel rien ne saurait exister qui contredise l'idéologie dominante de la société.

Qui serait assez désespéré pour trouver attirante cette soumission à un programme idéologique totalisant ? Pour y répondre, il faut nous tourner vers la plus grande spécialiste du totalitarisme, Hannah Arendt.

Voir venir le totalitarisme

En 1951, six ans après la fin de la Deuxième Guerre mondiale, Arendt publia *Les Origines du totalitarisme*, son étude incontournable des événements qui avaient frappé l'Allemagne et l'Union soviétique, où elle cherchait à comprendre comment des idéologies aussi radicales avaient séduit autant d'esprits. D'après elle, certaines conditions avaient préparé le terrain et les hommes aux idées empoisonnées semées par les activistes.

Solitude et société atomisée

« Les mouvements totalitaires sont des organisations massives d'individus atomisés et isolés », écrit Arendt. Et de poursuivre :

> Ce qui, dans le monde non totalitaire, prépare les hommes à la domination totalitaire, c'est le fait que la désolation qui jadis constituait une expérience limite subie dans certaines conditions sociales marginales (telles que la vieillesse) est devenue l'expérience quotidienne des masses toujours croissantes de notre siècle[6].

6. Hannah Arendt, *Les Origines du Totalitarisme*, t. 3, *Le Système totalitaire*, Paris, Le Seuil, 2005, coll. Points/Essais.

Ces mots ont été rédigés dans les années 1950, une période que nous considérons comme un âge d'or de la cohésion sociale. Aujourd'hui, la solitude est largement reconnue par les scientifiques comme un problème critique, non seulement d'un point de vue social, mais d'un point de vue médical. Dans les années 2000, Robert Putnam, politologue à Harvard, a publié *Bowling Alone*, une étude documentant le déclin brutal de la société civile depuis le milieu du XXe siècle et l'atomisation qui en a résulté.

Depuis, nous avons connu la montée en puissance des réseaux sociaux qui offrent un ersatz de « connexion », et qui ne nous empêchent pas de devenir de plus en plus solitaires et isolés les uns des autres. Ce n'est pas un hasard si les membres des générations Y et Z enregistrent des taux de solitude beaucoup plus élevés que leurs aînés, ainsi qu'un net attrait pour le socialisme, comme s'ils aspiraient à une politique capable de remplacer la communauté qu'ils désirent sans l'avoir.

Tôt ou tard, la solitude et l'isolement auront forcément des effets politiques. Les masses soutenant les mouvements totalitaires, selon Arendt, se sont développées « à partir des fragments d'une société hautement atomisée, dont la structure compétitive et la solitude individuelle qui en résulte n'étaient limitées que par l'appartenance à une classe[7] ».

La confiance civique est un autre lien qui garantit la cohérence de la société. D'après Arendt, le gouvernement soviétique, pour s'assurer le monopole du contrôle, a poussé ses citoyens à se retourner les uns contre les autres. Si nous ne connaissons pas ici le démantèlement agressif par l'État de la société civile, cette disparition de la cohésion ne s'y produit pas moins.

Dans *Bowling Alone*, Putnam étudie la rupture des liens civiques depuis les années 1950. On n'appartient plus à des clubs qui se réunissent régulièrement, on organise moins de dîners, on prend moins de repas en famille et on se détache de ses voisins. On se déconnecte des partis politiques et l'on est plus sceptique

7. *Ibid.*, p. 39.

à l'égard des institutions. On passe beaucoup plus de temps seul à regarder la télévision ou à naviguer sur Internet. Résultat : les gens ordinaires se sentent plus anxieux, plus isolés, plus vulnérables.

Une société composée d'individus aliénés qui ont perdu le sens de la communauté et ne partagent aucun but en commun constitue une cible de choix pour les idéologies totalitaires qui promettent de rétablir la solidarité et de retrouver un sens à la vie.

Perte de confiance dans la hiérarchie et les institutions

La perte de confiance dans les institutions et l'idée hiérarchique a commencé en Europe au sortir de la Première Guerre mondiale (il faudra attendre les années 1960 aux États-Unis). Étudiant la scène politique en Allemagne au cours des années 1920, Arendt notait une « terrifiante solidarité négative » entre des personnes de classes diverses, unies dans leur conviction que tous les partis politiques étaient peuplés d'imbéciles.

Sommes-nous vraiment si différents aujourd'hui ? D'après le baromètre de la confiance politique 2019 du CEVIPOF*, la confiance dans les institutions atteint des taux historiquement bas, en particulier vis-à-vis des partis politiques, des *media*, des grandes entreprises publiques et privées, des syndicats et de l'Église. Les normes démocratiques sont mises à rude épreuve dans de nombreux pays industrialisés, et l'adhésion aux partis de gouvernement, de gauche comme de droite, est en déclin.

Dans l'Europe des années 1920, remarquait Arendt, la première indication de la montée du totalitarisme était l'incapacité des partis établis à attirer la jeunesse et la tendance des masses passéistes à s'intéresser à des alternatives plus radicales.

La perte de confiance dans la politique démocratique est le signe d'une instabilité plus profonde et plus large. Avec la montée de l'individualisme radical dans la société de consommation, les gens ont peu à peu cessé de chercher des sources d'autorité extérieures à eux-mêmes pour trouver un sens à leur vie. C'est l'objectif ultime du libéralisme moderne : libérer l'individu de toute obligation non choisie.

Mais cela fait peser un terrible fardeau psychologique sur l'individu, et beaucoup préféreront rechercher la délivrance dans les certitudes et la solidarité offertes par les mouvements totalitaires.

Le sociologue Émile Durkheim a observé que de nombreuses personnes libérées des liens de la religion ne parvenaient pas à s'épanouir dans leur nouvelle liberté. Elles ont en réalité perdu le sens de la communauté et de la raison d'être. Il en résulte un désespoir qui conduit souvent au suicide. D'après Durkheim, ce qui est arrivé aux individus pourrait également arriver aux sociétés.

Il y a deux manières de détruire : s'y atteler activement ou échouer à construire. Philip Rieff déclare que l'effondrement d'un ordre civilisationnel commence lorsque ses élites deviennent incapables de transmettre la confiance dans les institutions et les coutumes de cet ordre aux jeunes générations. Le politologue Yascha Mounk, s'exprimant sur Twitter à propos de l'effondrement des valeurs démocratiques libérales au sein des élites américaines, écrivait :

> Il est révélateur qu'en 2019, une bonne partie de nos institutions d'élite considère comme bizarre l'idée selon laquelle l'un des objectifs de l'éducation civique est de convaincre les étudiants qu'il y a de bonnes choses dans notre système politique[8].

Désir de transgression et de destruction

Les écrivains et les artistes de la génération qui a suivi la Première Guerre mondiale se sont caractérisés par leur adhésion enthousiaste à des philosophies anti-culturelles, dans lesquelles ils

8. Yascha Mounk (@Yascha_Mounk), « It's telling that, in the year of 2019, the notion that one purpose of civics education might be to... » Twitter, 13 septembre, 2019, 10 h 59, twitter.com/Yascha_Mounk/status/1172540349622800384.

voyaient un moyen de manifester leur mépris pour les hiérarchies, les institutions et les modes de pensée établis. Arendt déclarait à propos de certains écrivains qui glorifiaient la volonté de puissance : « Ils ne lisaient pas Darwin, mais le marquis de Sade[9]. »

Son argument est le suivant : ces auteurs ne se sont pas prévalus de théories intellectuelles respectables pour justifier leur vision transgressive ; ils se sont voués aux plus bas instincts de la nature humaine, considérant que c'était là un acte de libération. Ce jugement d'Arendt sur les élites d'après-guerre qui se moquaient sans vergogne de la respectabilité pourrait s'appliquer facilement à nos propres élites qui écartent les principes libéraux que sont le fair-play, la discrétion sur les questions raciales, la liberté d'expression et la libre association au motif qu'ils sont des obstacles à l'égalité. Arendt écrivait :

> L'élite ne considérait pas que la destruction de la civilisation fût un prix trop élevé pour le plaisir de voir y accéder par la force ceux qui en avaient été injustement exclus dans le passé[10].

Ce n'est pas la révolution sexuelle des années 1960 qui a, la première, considéré la sexualité transgressive comme un bien social. Comme dans l'Occident contemporain, la Russie impériale tardive se noyait dans ce que l'historien James Billington a appelé une « préoccupation sexuelle sans équivalent dans la culture russe antérieure[11] ». Au sein de l'élite culturelle et sociale, l'expérimentation sexuelle et la célébration de la perversion et de la sensualité sous toutes ses formes étaient monnaie courante. Et cela dépassait le cadre des élites : les masses laborieuses, abandonnées dans les villes, sans église pour arraisonner leur conscience par la culpabilité ni potins du village pour entretenir la honte, trouvaient tout leur réconfort dans le sexe.

---

9. Hannah Arendt, *op. cit.*
10. *Ibid.*
11. James H. Billington, *The Icon and the Axe : An Interpretive History of Russian Culture*, New York, Vintage, 1970, p. 492.

La fin de la censure officielle après le soulèvement de 1905 ouvrit les vannes à la littérature érotique, qui se renouvela dans l'exploration de la passion sexuelle. « La sensualité de l'époque était démoniaque dans un sens très intime[12] », écrit Billington, qui nous apprend comment la figure de Satan est devenue un héros romantique pour les artistes et les musiciens. On admirait l'idée toute diabolique qu'il ne faut reculer devant rien pour satisfaire ses désirs et exercer sa volonté.

Propagande et empressement à croire à des mensonges utiles

Heda Margolius Kovály, ancienne communiste tchèque revenue de ses illusions, dont le mari a été exécuté après un simulacre de procès en 1952, s'est intéressée à la facilité avec laquelle les gens acceptent de tourner le dos à la vérité pour satisfaire à une cause idéologique.

> Il n'est pas difficile à un régime totalitaire de garder les gens dans l'ignorance. Une fois que l'on renonce à sa liberté par « nécessité bien comprise », par obéissance à la discipline du Parti, par conformité au régime, pour la grandeur et la gloire de la patrie ou pour tel ou tel substitut offert de manière si convaincante, on renonce à son droit à la vérité. Lentement, goutte à goutte, votre vie s'échappe tout aussi sûrement que si l'on s'était tailladé les poignets ; on s'est volontairement condamné à l'impuissance[13].

On peut abandonner son obligation morale d'être honnête à cause d'un idéalisme mal placé. On peut également y renoncer en plaçant la haine de l'autre au-dessus de l'amour pour la vérité. Dans les États pré-totalitaires, écrit Arendt, la détestation de

12. *Ibid.*, p. 502.

13. Heda Margolius Kovály, *Under a Cruel Star : A Life in Prague 1941-1968*, Lexington, Plunkett Lake Press, 2010, emplacement 11 sur 201, Kindle.

la respectabilité était devenue si puissante que les élites étaient prêtes à accepter tous les « monstrueux trucages historiographiques » dans le seul but de s'en prendre à ceux qui, selon eux, avaient décidé d'exclure les opprimés de l'histoire officielle[14]. Par exemple, beaucoup de ceux qui ne souscrivaient pas à la vision révisionniste de Marx sur l'histoire – c'est-à-dire la conception de celle-ci comme manifestation de la lutte des classes – étaient toutefois prêts à la défendre parce qu'ils y voyaient un bon moyen de punir ceux qu'ils détestaient.

Des phénomènes comparables ont lieu aujourd'hui, chez nous. En 2019, en pleine polémique sur l'indigénisme et le postcolonialisme, il a été question de mettre en place au Conservatoire national des arts et métiers (CNAM) une chaire d'études postcoloniales, avec l'appui d'une partie du CNRS[15]. Les universités voient se multiplier les initiatives inspirées par cette mouvance, qui cherche à réduire l'histoire de l'Occident à son seul passé colonial et esclavagiste.

Personne ne peut sérieusement nier l'existence et l'importance de l'esclavage dans l'histoire occidentale. Mais le but des décoloniaux n'est pas de rappeler un fait historique : il est de réviser l'identité nationale en plaçant la haine raciale au centre des discours politiques et sociaux.

Leur affirmation fondamentale (l'idée que la « domination occidentale » ou « blanche » est l'unique clé de lecture de l'histoire) a eu beau être démystifiée pour son absence de sérieux scientifique[16], beaucoup de journalistes et d'universitaires continuent de

14. Hannah Arendt, *op. cit.*

15. Jean-Loup Amselle, « Faut-il bannir les études décoloniales de l'université ? », *Bibliobs*, 11 janvier 2020. https://www.nouvelobs.com/idees/20200111.OBS23328/faut-il-bannir-les-etudes-decoloniales-de-l-universite.html#modal-msg.

16. Laurent Bouvet, Nathalie Heinich, Isabelle de Mecquenem, Dominique Schnapper, Pierre-André Taguieff, Véronique Taquin, « Les bonimenteurs du postcolonial business en quête de respectabilité académique », *L'Express*, 26 décembre 2019. https://www.lexpress.fr/actualite/politique/les-bonimenteurs-du-postcolonial-business-en-quete-de-respectabilite-academique_2112541.html.

la promouvoir et de la défendre, et certaines facultés ont vu se multiplier les « ateliers en non-mixité[17]* ».

La propagande aide à changer le monde en créant une fausse impression de ce qu'est la réalité du monde. Arendt écrit :

> La force de la propagande totalitaire – avant que les mouvements aient le pouvoir de faire tomber un rideau de fer pour empêcher qui que ce soit de troubler, par la moindre parcelle de réalité, la tranquillité macabre d'un monde entièrement imaginaire – repose sur sa capacité à couper les masses du monde réel[18].

En septembre 2020, un collectif de trente-deux linguistes a ainsi dénoncé l'usage de plus en plus répandu – dans certains *media* et par certaines institutions – de l'écriture dite « inclusive »*, laquelle « s'impose par la propagande » au mépris des « fonctionnements propres » de la langue : « L'usage est certes roi, mais que signifie un usage militant qui déconstruit les savoirs, complexifie les pratiques, s'affranchit des faits scientifiques, [...] et exclut les locuteurs en difficulté au nom de l'idéologie[19] ? »

Cela fait craindre une chose : certains *media* grand public réinterprètent les faits et l'information selon des critères et une idéologie radicale qui étaient naguère encore confinés aux élites intellectuelles de gauche.

Il faut admettre que les *media* de droite, même lorsqu'ils sont mis au ban de la sphère publique, ont les mêmes effets sur leur

---

17. Fabrice Nicolino, « Identité : Quand la gauche perd les pédales », *Charlie Hebdo*, 27 février 2019. https://charliehebdo.fr/2019/02/societe/lidentite-sera-genre-humain-quand-gauche-choisit-lindividualisme/.

18. Arendt, *Les Origines du totalitarisme*, Paris Gallimard, coll. Quarto, 2002, p. 672.

19. Tribune collective, « Une "écriture excluante" qui "s'impose par la propagande" : 32 linguistes listent les défauts de l'écriture inclusive », *Marianne*, 18 septembre 2020. https://www.marianne.net/agora/tribunes-libres/une-ecriture-excluante-qui-s-impose-par-la-propagande-32-linguistes-listent-les.

audience conservatrice, en affirmant que la vision qu'ils ont du monde est la vérité. Pour tous les utilisateurs des réseaux sociaux, c'est-à-dire les quelque 60 % d'adultes qui utilisent Facebook et les 24 % qui utilisent Twitter, tout est fait pour que l'usage qu'ils en ont, renforce les convictions politiques qu'ils ont déjà. Nous sommes conditionnés à accepter comme la vérité tout ce qui s'accorde avec nous. Comme Arendt l'écrivait à propos des masses pré-totalitaires :

> Elles ne croient à rien de visible, à la réalité de leur propre expérience ; elles ne font confiance ni à leurs yeux, ni à leurs oreilles, mais à leur seule imagination, qui se laisse séduire par tout ce qui est universel et cohérent en soi[20].

Passion pour l'idéologie

Pourquoi les gens sont-ils aussi empressés à croire à des mensonges pourtant aisément démontables ? Par désespoir : les aliénés ont désespérément besoin d'une histoire qui les aide à donner un sens à leur vie et leur dise quoi faire. Pour quelqu'un qui ne demande qu'à croire en quelque chose, l'idéologie totalitaire se révèle un bien plus précieux que la vie elle-même.

D'après Arendt, il pourrait même aller jusqu'à participer activement à sa propre mise en accusation et à élaborer sa propre condamnation à mort, du moment que son statut de membre du mouvement n'est pas remis en question. Les minutes des parodies de procès sous Staline, dans les années 1930, regorgent en effet de faux aveux proférés par des communistes convaincus qui préféraient mourir plutôt que d'admettre que le communisme était un mensonge.

Les serviteurs les plus dévoués du totalitarisme sont souvent des idéalistes, du moins au début. Margolius Kovály raconte ainsi qu'elle et son mari ont embrassé le communisme précisément parce qu'il faisait écho à leur idéalisme : il proposait à ceux qui

20. Arendt, *Le Système totalitaire*, *op. cit.*, p. 107.

sortaient tout juste de l'enfer une vision du paradis dans laquelle ils pouvaient croire.

Une expression inventée par le féminisme dans les années 1960 et couramment utilisée par le progressisme contemporain, « le privé est politique », reflète parfaitement l'esprit totalitaire, qui cherche à introduire une conscience politique dans tous les aspects de la vie. La gauche ne cesse de pousser plus profondément son idéologie dans le domaine personnel, laissant de moins en moins d'espaces vierges de son contact. Ceci, avertit Arendt, est un signe qu'une société devient mûre pour le totalitarisme, parce que celui-ci n'est autre chose que la politisation systématique du réel.

Idéologiser la vie quotidienne dans son entièreté était une caractéristique du totalitarisme soviétique. Au début de l'ère stalinienne, un commissaire du peuple, Nikolaï Vassilievitch Krylenko, s'en prit aux joueurs d'échecs qui voulaient maintenir leur discipline hors de toute politique.

> Nous devons en finir une fois pour toutes avec la neutralité des échecs, déclara-t-il. Nous devons condamner une fois pour toutes la formule « les échecs pour les échecs », comme la formule « l'art pour l'art ». Nous devons mettre sur pied des brigades de choc composées de joueurs d'échecs, et nous lancer immédiatement dans un plan quinquennal pour les échecs[21].

Valorisation sociale de la loyauté plutôt que de l'expertise

« Le totalitarisme, une fois au pouvoir, remplace invariablement tous les vrais talents, quelles que soient leurs sympathies, par ces illuminés et ces imbéciles dont le manque d'intelligence et de créativité reste la meilleure garantie de leur loyauté[22] », écrit Arendt.

---

21. N. V. Krylenko, « The Party Crushed », *The Great Terror : A Reassessment*, éd. Robert Conquest, New York, Oxford University Press, 1990, p. 249.
22. Arendt, *Le Système totalitaire*, *op. cit.*, p. 653-654.

Tous les hommes politiques apprécient la loyauté, mais peu la considèrent comme la qualité numéro un d'un membre du gouvernement – aucun n'oserait en tout cas le dire. À ce titre, le président américain Donald Trump fait figure d'exception. Il a dit un jour : « Je place la loyauté au-dessus de tout le reste – au-dessus de la matière grise, de la motivation et de l'énergie[23]. »

Préférer ainsi la loyauté personnelle à l'expertise est une posture corrompue et plus que discutable. Mais on a du mal à comprendre pourquoi la gauche américaine s'en est offusquée : la loyauté envers le groupe ou la tribu est *au cœur* de la « politique d'identité » prônée par la gauche. Être aveuglément loyal à une idéologie n'est pas moins dérangeant que l'être à une personne. Cette loyauté est justement au fondement de la *cancel culture*[24], pour laquelle tout transgresseur, si mineure qu'ait pu être son infraction, est jeté dans les ténèbres extérieures.

Début 2020 a éclaté une étonnante polémique liée à cette *cancel culture*. Jeanine Cummins, auteur d'un roman très attendu sur la réalité vécue par les migrants mexicains, a subi les foudres, par *media* interposés, de certains écrivains latinos progressistes, qui accusaient cette femme blanche de « voler l'expérience des Latinos ». Certaines personnalités latinos qui avaient fait l'éloge du livre avant sa publication – par exemple, la romancière Erika L. Sanchez ou l'actrice Salma Hayek – ont préféré retirer leur soutien, craignant de passer pour déloyales envers leur groupe.

Au-delà de la *cancel culture*, qui est réactive, certaines institutions commencent à intégrer systématiquement cette idéologie pour étouffer d'avance toute forme de dissidence. En août 2020, Sciences Po a publié sur Internet sa « liste de lecture de l'été »,

23. Michael Kruse, « I Need Loyalty », *Politico*, 3 mars 2018, politico.com/magazine/story/2018/03/06/donald-trump-loyalty-staff-217227.

24. « Culture de l'annulation », autrement appelée *call-out culture*, c'est-à-dire « culture de la dénonciation ». Cette pratique consiste à dénoncer publiquement telle ou telle personne pour une action ou une conduite jugée inacceptable, dans le but de l'ostraciser (de l'« annuler », autrement dit de la tuer socialement) – le mouvement « Balance ton porc » en est un exemple. (N.d.T.)

une sélection d'ouvrages presque exclusivement consacrés à la question raciale, et tous traités du point de vue de la gauche radicale (y figuraient *Fragilité blanche* de Robin DiAngelo, *Moi et la suprématie blanche* de Layla Saad, *Comment devenir antiraciste* d'Ibram X. Kendi...). Certaines universités californiennes exigent carrément de leurs professeurs des prestations de serment de loyauté à l'idéologie politiquement correcte.

C'est également monnaie courante dans les entreprises. Inventeur du langage informatique JavaScript, Brendan Eich est une des figures majeures de l'histoire d'Internet. En 2014, il a pourtant été contraint de quitter la direction de Mozilla, l'entreprise qu'il avait fondée, après que certains employés ont découvert qu'il avait fait un don pour soutenir une campagne contre le mariage gay en Californie en 2008.

Un médecin américain d'origine soviétique m'a avoué, après s'être assuré que je ne révélerais pas son nom, qu'il ne publiait jamais rien de tant soit peu controversé sur les réseaux sociaux, le service des ressources humaines de son hôpital surveillant les comptes des employés à l'affût de preuves de déloyauté envers le *credo* progressiste de « diversité et inclusion ».

Ce même médecin m'a révélé que la « justice sociale » oblige les médecins comme lui à ignorer leur formation et leur jugement en matière de santé des transgenres. D'après lui, il n'est plus permis, au sein de son institution, de déconseiller aux patients souffrant de dysphorie de genre de suivre les traitements qu'ils désirent, même lorsque, d'un point de vue médical, ces traitements ne sont pas dans l'intérêt des patients.

Les intellectuels, classe révolutionnaire

Nous vivons une époque populiste où il est facile aux hommes politiques ou aux polémistes de dresser les foules contre les élites. Il n'empêche que, dans la plupart des sociétés, ce sont les élites intellectuelles et culturelles qui, à long terme, déterminent l'avenir.

« *L'acteur clé de l'histoire, ce n'est pas le génie individuel : c'est plutôt le réseau* – et à sa suite, les nouvelles institutions qui sont créées à partir de lui », écrit le sociologue James Davison Hunter[25]. Une idée révolutionnaire peut tout à fait émerger des masses, poursuit-il, mais « elle ne gagnera du terrain qu'une fois qu'elle aura été adoptée et propagée par les élites » via « leurs réseaux bien structurés et la puissance de leurs institutions[26] ».

Voilà pourquoi il est d'une importance cruciale de garder l'œil sur les discours intellectuels. D'être des sentinelles vigilantes. Comme l'écrivait Czesław Miłosz, « C'est seulement vers le milieu du xxe siècle que les habitants de nombreux pays d'Europe ont été amenés, de façon généralement désagréable, à constater que leur sort pouvait être directement influencé par des livres de philosophie traitant de sujets abscons et quasi impénétrables[27]. »

Arendt nous a prévenus : l'expérience totalitaire du xxe siècle a démontré qu'une minorité déterminée pouvait régner sur une majorité indifférente et désengagée. Aujourd'hui, beaucoup estiment que la folie politiquement correcte qui s'est emparée de certains campus universitaires n'est pas digne d'attention. Ils se moquent de ces jeunes radicaux et les traitent de *snowflakes*[28] ou de *SJW*.

C'est une très grave erreur. En radicalisant les élites, ces fameux *SJW* jouent un rôle historique similaire à celui des bolcheviques dans la Russie prérévolutionnaire. Leurs rangs se composent de

---

25. James Davison Hunter, *To Change the World : The Irony, Tragedy, and Possibility of Christianity in the Late Modern World*, New York, Oxford University Press, 2010, p. 38.
26. *Ibid.*, p. 41.
27. Miłosz, *op. cit.*, p. 23.
28. « Flocon de neige » en anglais, terme utilisé pour railler la supposée fragilité narcissique des *SJW*. Probablement emprunté à *Fight Club*, référence culturelle de l'*alt-right* américaine, dans lequel Tyler Durden, l'un des personnages principaux, déclare : « Vous n'êtes pas exceptionnels, vous n'êtes pas un flocon de neige merveilleux et unique, vous êtes faits de la même substance organique pourrissante que tout le reste. » (N.d.T.)

jeunes issus de la classe moyenne éduquée et sécularisée, coupés de leurs propres traditions, minés par la culpabilité et l'angoisse à l'idée d'être des privilégiés, qui cherchent désespérément à s'identifier à quelque chose ou à quelqu'un qui leur donnerait un sentiment d'intégrité et un sens à leur vie. Pour eux, la justice sociale – non pas celle qu'a définie l'enseignement de l'Église, mais l'idéologie élaborée par des théoriciens critiques de l'université – fonctionne comme une pseudo-religion. Loin de se limiter aux campus et aux austères revues intellectuelles, les idéaux des *SJW* transforment activement les institutions d'élite et les réseaux de pouvoir et d'influence.

Les sectateurs de la justice sociale de notre époque sont de pâles imitations de Lénine et de ses ardents disciples. À l'exception de l'ultra-violente faction antifa, ils confinent leur agressivité au domaine de la parole, et pratiquent l'intimidation dans un cadre institutionnel bourgeois – à l'encontre des présidents d'université, des professeurs et des cols blancs. Contrairement aux bolcheviques, qui étaient des révolutionnaires endurcis, les *SJW* préfèrent verser des larmes que du sang.

Pourtant, il existe des parallèles clairs que ceux qui ont vécu sous le communisme savent parfaitement identifier.

Comme les premiers bolcheviques, ce sont, socialement, des aliénés. Comme eux, ils croient que la justice est affaire d'identité du groupe, et qu'il faut, pour l'atteindre, prendre le pouvoir aux exploiteurs et le donner aux exploités.

Les sectateurs de la justice sociale, comme les bolcheviques, sont des intellectuels qui diffusent leur évangile par l'agitprop. Cet évangile vise à éveiller les cœurs et à y susciter la haine d'où naîtra la conscience révolutionnaire. Il est absolument crucial de préparer le terrain en premier lieu dans les universités, où cette idéologie du ressentiment peut être inculquée à ceux qui peupleront les grandes institutions de la société.

Comme l'ont fait les révolutionnaires marxistes russes, nos *SJW* croient que la science est de leur côté, même lorsque leurs allégations ne sont pas scientifiques. Par exemple, les militants de la cause transgenre affirment que leurs croyances radicales sont scientifiquement fondées, et les scientifiques et les médecins qui ne sont pas d'accord sont chassés de leurs institutions ou poussés au silence à force d'intimidation.

Les sectateurs de la justice sociale sont des utopistes qui croient que l'idéal de progrès implique de détruire toutes les anciennes normes pour libérer l'humanité. Contrairement à leurs prédécesseurs bolcheviques, ils ne veulent pas saisir les moyens de production économique, mais les moyens de production culturelle. Ils croient qu'après la libération de l'humanité des chaînes qui la lient – « blanchité », patriarcat, mariage, binarité de genre, etc. –, nous ferons l'expérience d'une forme de vie radicalement nouvelle et meilleure.

Enfin, contrairement aux bolcheviques qui voulaient détruire et remplacer les institutions de la société russe, nos *SJW* adoptent, pour provoquer un changement social, une stratégie marxiste plus tardive : rester dans le cadre des institutions de la société bourgeoise, les conquérir et les utiliser pour transformer le monde. Un exemple : si la cause LGBT a définitivement remporté la partie, c'est parce que toutes les grandes entreprises l'ont adoptée dans le cadre de leur stratégie marketing.

Fatalisme futuriste

Pour être précis, ni la solitude, ni la société atomisée, ni l'adoption par les élites au pouvoir du dogme radical de la justice sociale, aucun de ces facteurs ne signifie que le totalitarisme est inévitable. Ce qu'ils nous disent en revanche, c'est que les faiblesses de la société occidentale contemporaine concordent avec celles d'une société pré-totalitaire typique.

Comme les Russes de l'ère tsariste, nous vivons probablement dans un brouillard qui nous empêche de percevoir l'instabilité dans laquelle se trouve l'Occident.

Résumons.

La confiance dans la plupart des grandes institutions a fortement diminué. La politique s'articule autour de divisions idéologiques si rigides que les gouvernements ont toutes les peines du monde à faire quoi que ce soit de significatif. L'abstention est en constante progression. Les États croulent sous les dettes.

Les jeunes générations abandonnent le christianisme qui liait la société et lui donnait un but commun. Les dirigeants ecclésiastiques ne savent pas comment gérer cette crise ; comme la hiérarchie orthodoxe déconnectée de la fin de l'ère tsariste, beaucoup de chefs de l'Église sont incapables de comprendre ce qui se passe – sans même parler d'y répondre.

La pornographie est omniprésente, mais le mariage et la cellule familiale s'épuisent. Nous vivons une époque éminemment sensuelle, où l'expérience sensorielle prime sur les idéaux spirituels et rationnels. Personne ne nie que le désir sexuel constitue le point central de l'identité contemporaine (il est révélateur que, dans le conflit irréconciliable entre liberté religieuse et droits LGBT, ceux-ci remportent autant de victoires aussi facilement). L'acceptation rapide de l'idéologie issue des études de genre est un signe évident que le prométhéisme et le sensualisme se sont alliés pour renverser l'ordre ancien. Internet a acculturé au moins une génération dans son ensemble à la pornographie, dépassant largement tout ce que ceux qui avaient combattu la censure en Russie en 1905 auraient pu imaginer.

Le prométhéisme qui triomphait parmi les prérévolutionnaires russes domine la société occidentale du XXIe siècle. Patrie de la modernité, l'Occident a depuis longtemps compté parmi ses valeurs centrales la science, la technologie et l'esprit d'entreprise. Aujourd'hui, la Silicon Valley est notre usine à rêves, qui produit une richesse spectaculaire et nous encourage à croire à l'utopie d'une transformation sociale portée par les nouvelles technologies.

L'effondrement puis la reconstruction révolutionnaire pourraient arriver bien plus soudainement que nous ne l'imaginons. Comme le disait Silvester Krčméry, un disciple du père Kolaković :

> Nous vivons satisfaits, en sécurité, avec l'idée que dans un pays civilisé, dans l'environnement globalement cultivé et démocratique qui est le nôtre, un régime aussi coercitif est impossible. Nous oublions que dans les pays instables, une structure politique où le lavage de cerveau est déjà mis en œuvre, même de façon très limitée, peut conduire à l'endoctrinement et à la terreur. On n'y prête jamais garde, au début. Pourtant, en un temps souvent très court, le tout peut basculer dans un système totalitaire antidémocratique à part entière[29].

Il suffit d'un catalyseur comme une guerre, une crise économique, une pandémie ou toute autre crise grave et prolongée qui remet en question la légitimité du système démocratique libéral. Comme Arendt mettait en garde il y a plus d'un demi-siècle :

> On est fortement tenté de trouver satisfaisante une explication de ce qui est intrinsèquement incroyable au moyen de rationalisations généreuses. En chacun de nous se cache une telle générosité, qui nous enjôle en prenant la voie du bon sens. La route qui mène à la domination totale passe par bien des étapes intermédiaires, auxquelles nous pouvons trouver bien des analogies et des précédents. [...] Ce que le bon sens et les « gens normaux » refusent de croire, c'est que tout est possible[30].

Les guerriers de la justice sociale et les théoriciens de leur cause ne sont pas des « gens normaux » qui vivent en conformité avec le bon sens. La croyance fanatique dans le progrès est la force qui meut leur utopisme fébrile. C'est l'idéologie progressiste – qui a existé sous diverses formes depuis les Lumières – qui explique

29. Silvester Krčméry, *This Saved Us : How to Survive Brainwashing*, 1996, p. 222.
30. Arendt, *Les Origines du totalitarisme*, Paris Gallimard, coll. Quarto, 2002, p. 785.

leur fanatisme à toute épreuve. Et qui explique aussi pourquoi beaucoup de gens ordinaires qui ne sont pas spécialement engagés par la politique ont du mal à s'opposer aux exigences des *SJW*. Nous ne comprendrons rien à l'attrait hypnotique exercé par le totalitarisme de gauche et nous ne saurons jamais comment y résister tant que nous n'aurons pas compris que ses défenseurs les plus acharnés vouent un véritable culte au mythe du progrès.

Chapitre 3

Le progressisme comme religion

> *Ceux que fascine l'idée de progrès ne se doutent pas que toute marche en avant rend en même temps la fin plus proche.*
>
> Milan KUNDERA[1]

En 1905, la haute société moscovite donna un banquet en l'honneur de l'impresario Serge de Diaghilev à l'hôtel *Metropol*. Diaghilev avait peu avant organisé à Saint-Pétersbourg une extraordinaire exposition de portraits qu'il avait sélectionnés lors d'une tournée des collections privées. Le dîner était organisé pour célébrer son succès. Diaghilev, qui savait que la Russie n'était pas loin de vivre quelque chose d'inouï, se leva et porta ce toast :

> Nous sommes les témoins de l'un des plus grands moments de l'histoire, d'un moment décisif d'où naîtra une culture nouvelle et inconnue qui sera créée par nous, mais qui nous balaiera aussi. C'est pourquoi, sans crainte et sans appréhension, je lève mon verre aux murailles en ruine des beaux palais et aux nouveaux commandements d'une nouvelle esthétique. Le seul souhait que l'incorrigible sensualiste que je suis puisse exprimer, c'est que la lutte à venir n'endommage

1. Milan KUNDERA, *Le Livre du rire et de l'oubli*, Paris, Gallimard, 2019, p. 289.

> pas les plaisirs de la vie, et que la mort soit aussi belle et aussi lumineuse que la résurrection[2].

Ce que les jeunes artistes, les intellectuels et l'élite culturelle russes appelaient de leurs vœux, c'était la fin de l'autocratie, de la société de classes et de la religion, et l'avènement d'un monde de libéralisme, d'égalité et de laïcité. À la place, ils eurent la dictature, le goulag et la mort de la liberté d'opinion et d'expression. Les communistes avaient vendu leur idéologie à des optimistes crédules comme la version la plus aboutie de ce que désirait tout moderne qui se respectait : le progrès.

La modernité est bâtie sur le mythe du progrès. Par « mythe », je veux dire que le concept de progrès historique est un principe fondateur de l'ère moderne, et qu'il est partie intégrante de l'histoire que nous nous racontons pour expliquer notre époque et la place que nous y occupons. Ceux qui croient au mythe du progrès soutiennent que le présent est meilleur que le passé, et que l'avenir sera *inévitablement* meilleur que le présent.

Entre les mains des totalitaires en puissance, ce mythe est un outil redoutable. Il donne à chacun de leurs actes une source transcendante de légitimité et présente l'opposition comme arriérée et ignorante. C'est en comprenant comment les communistes ont manipulé le mythe du progrès que l'on pourra comprendre comme les progressistes d'aujourd'hui renversent leurs adversaires.

La Grande Marche

Les disciples de Marx croyaient que le communisme était inévitable parce que l'histoire, cette force dotée de pouvoirs divins de détermination, en exigeait ainsi. Kundera écrit que ce qui fait d'un homme de gauche (qu'il soit socialiste, communiste, trotskiste, libéral de gauche, etc.) un homme de gauche est la croyance que

2. Billington, *op. cit.*, p. 504.

l'humanité est lancée dans ce qu'il appelle la « Grande Marche » vers le progrès : « La Grande Marche, c'est ce superbe cheminement en avant, le cheminement vers la fraternité, l'égalité, la justice, le bonheur, et plus loin encore, malgré tous les obstacles, car il faut qu'il y ait des obstacles pour que la marche puisse être la Grande Marche[3]. »

Si le progrès est inévitable et que le parti communiste est le chef de file de la Grande Marche de la société vers l'avenir, alors, selon cette théorie, résister au parti c'est se dresser contre l'avenir – et même carrément contre la réalité. Ceux qui s'opposent au parti s'opposent au progrès et à la liberté et se rangent dans le camp de l'avidité, de l'arriération, du sectarisme et de l'injustice sous toutes ses formes. Comme il est nécessaire, comme il est noble surtout que le parti prenne sur lui de détruire ces pierres d'achoppement sur la route de la Grande Marche, et de la rendre droite et lisse jusqu'aux lendemains qui chantent !

« La propagande vantant les bénéfices apportés à notre village par le communisme était constante, me racontait Tamás Sályi, un professeur d'anglais de Budapest, au sujet de sa jeunesse sous les communistes hongrois. On nous passait sans arrêt des films montrant comment les fermiers utilisaient les nouvelles technologies pour améliorer leur vie quotidienne. Quant à ceux qui les rejetaient, on les présentait comme des dangers pour leur propre famille. C'était toujours le même discours : tout ce qui était ancien et traditionnel était un obstacle au bonheur et au confort. »

Ainsi le mythe du progrès devient-il une justification pour exercer un pouvoir dictatorial et éliminer toute opposition. Aujourd'hui, le totalitarisme se manifeste dans une réglementation stricte de la Grande Marche vers le progrès. C'est la méthode avec laquelle ceux qui croient dans le progrès s'efforcent de maintenir toute la société dans un cheminement docile vers l'utopie, à la fois dans chaque action extérieure et dans les pensées les plus intimes.

---

3. Milan Kundera, *L'Insoutenable Légèreté de l'être*, Paris, Gallimard, coll. « Folio », 1990, p. 373-374.

Modernité égale progrès

La dévotion à l'idéal du progrès n'a malheureusement pas commencé avec Marx, et elle ne se limite pas aux marxistes. Le plus bourgeois des citadins croit tout autant au mythe que le trotskyste universitaire le plus idéologiquement rigide. Comme l'écrit l'historien Yuri Slezkine, « la foi dans le progrès est une caractéristique tout aussi fondamentale de la modernité que l'était la Seconde Venue[4] pour le christianisme[5] ».

Ce qui sépare les libéraux classiques des socialistes et des communistes est l'ultime objectif vers lequel nous progressons, et le degré d'implication de l'État dans cette progression. Le libéralisme classique se soucie davantage de la liberté individuelle, tandis que la gauche professe l'égalité des résultats. Le libéralisme classique souhaite une certaine limitation du gouvernement étatique, tandis que la gauche estime que la réalisation de sa vision de la justice et de la vertu nécessite un fort interventionnisme.

En 2018, Emmanuel Macron faisait campagne pour l'« Europe des progressistes ». François Hollande a souvent fait directement référence au mythe du progrès, comme lors de son discours du Bourget, en 2012 : « C'est le rêve français que je veux réenchanter, celui qui a permis à des générations durant toute la République de croire à l'égalité et au progrès*. » De même, aux États-Unis, Obama citant cette phrase célèbre de Martin Luther King : « L'arc de l'univers moral est long, mais il est tendu vers la justice. »

En 2005, lors de son second discours d'investiture, George W. Bush exprimait une foi similaire en déclarant que les États-Unis formaient l'avant-garde de la démocratie libérale : « Il n'y a qu'une seule force historique capable de briser le règne de la haine et du ressentiment, de révéler les mensonges des tyrans et de récompenser

4. En théologie, le terme le plus exact est « parousie ». (N.d.T.)

5. Yuri Slezkine, *op. cit.*

les espérances des hommes de bonne volonté : la force de la liberté humaine[6]. »

Sa guerre pour libérer l'Irak et y installer une démocratie libérale a échoué, mais il n'est pas difficile de nous faire oublier ce genre de détails en nous abreuvant de cette enivrante rhétorique. Non que nous soyons forcément stupides – disons plutôt que le mythe du progrès est inscrit dans notre ADN culturel. On pourrait nous faire accepter n'importe quoi en son nom. Nous raffolons du progrès – non sans raison.

Les créations occidentales que sont la démocratie libérale et le capitalisme ont permis à notre société d'atteindre un niveau de vie inégalé dans l'histoire, de garantir les droits des citoyens et de permettre à chacun de jouir du principe de liberté personnelle. Les progrès ont été réels et tangibles.

Nous croyons aussi au progrès parce que ses racines sont judéo-chrétiennes. La plupart des cultures anciennes ont une vision cyclique de l'histoire, mais la religion hébraïque et le christianisme considèrent qu'elle va se déplaçant dans une certaine direction, depuis la création jusqu'à la rédemption finale. Pour les chrétiens, cette rédemption viendra après l'Apocalypse et le Jugement dernier où triomphera la justice de Dieu.

Le progrès peut être réel, et pour les chrétiens du moins, l'histoire s'achemine vers une fin glorieuse (après une violente apocalypse), mais cela ne signifie pas pour autant que tout changement constitue nécessairement une amélioration par rapport au passé. Cela ne signifie pas non plus que le progrès puisse en être un s'il est séparé de Dieu. Au contraire, il peut prendre un tour très sombre dans un contexte entièrement séculier, sans une compréhension biblique de la faillibilité humaine et sans le Dieu de la Bible comme auteur de l'histoire et juge de la terre.

Le progressisme d'aujourd'hui remonte au XVIIIe siècle, quand certains penseurs des Lumières ont sécularisé l'espérance chrétienne

---

6. George W. BUSH, « Bush : No Justice without Freedom », *CNN*, 20 janvier 2005. cnn.com/2005/ALLPOLITICS/01/20/bush.transcript/index.html.

en remplaçant la foi en Dieu par la foi en l'homme – en particulier en la science et en la technologie. Le penseur Claude-Henri de Saint-Simon (1760-1825) est considéré comme l'un des pères fondateurs du socialisme. Avec son secrétaire particulier Auguste Comte (1798-1857), il créa le positivisme, une philosophie postulant que la science est la seule source de connaissance faisant autorité.

Les positivistes croyaient que l'histoire était avant tout la succession des avancées scientifiques et technologiques. De leur point de vue, la science finirait par mettre un terme à toute souffrance matérielle. Et à mesure que la science continuerait de progresser, la morale en ferait autant, parce qu'elle se fonderait sur des connaissances scientifiques et non sur la religion et la coutume.

En Angleterre, le philosophe John Stuart Mill (1806-1873) réconcilia le positivisme avec la tradition politique libérale classique. En Allemagne, Karl Marx s'en servit pour construire une politique radicale. Lui et ses disciples remplacèrent l'espérance chrétienne dans une récompense céleste par la conviction que la perfection finirait inévitablement par s'établir ici-bas après une violente apocalypse, et par l'application de la science et d'une politique fondée sur celle-ci.

Bien que les marxistes aient orienté le positivisme dans une direction extrême et utopique, les valeurs positivistes sont au fondement de l'idée libérale de marché libre. Les deux traditions croient que la science est le moteur du progrès et que celui-ci peut être mesuré par la réduction du manque matériel. Le philosophe contemporain John Gray défend l'idée qu'il existe en fait beaucoup moins de différence entre les démocrates libéraux et les marxistes que ce que nous aimons à croire : « La technologie – l'application pratique de la connaissance scientifique – produit une convergence de valeurs. C'est le mythe moderne central que les positivistes ont propagé et que tout le monde accepte aujourd'hui comme allant de soi[7]. »

---

7. John N. Gray, *Gray's Anatomy : Selective Writings*, Londres, Allen Lane, 2009, p. 293.

Les idéaux de nos ancêtres étaient ancrés dans la religion – c'était le cas, par exemple, du « rêve américain » des colons puritains du XVIIe siècle – et la liberté était pour eux nécessaire dans la mesure où elle leur permettait d'adorer et de servir Dieu selon leur conscience. Nos idéaux à nous ne sont plus religieux – ou plus de la même façon. En tout cas, ils doivent davantage au positivisme qu'au christianisme. Nous désirons la richesse, la stabilité matérielle, la liberté de façonner notre vie comme nous l'entendons et le désirons. Le vieil idéal était d'user de sa liberté pour vivre vertueusement, selon les Écritures saintes ; l'idéal moderne est d'user de sa liberté pour atteindre le bien-être, selon des critères déterminés par l'individu-roi, par un moi qui est le produit du choix et du consentement. Le mythe du progrès enseigne que la science et la technologie peuvent donner aux individus tout pouvoir pour réaliser leurs désirs en les libérant des limites imposées par la religion et la tradition.

Dans la politique moderne, il ne fait pas bon être soupçonné d'opposition à l'idée de progrès. Être contre le changement, c'est s'opposer à l'ordre naturel des choses. Dans les démocraties libérales, le conflit droite-gauche est en réalité une lutte entre des progressistes conservateurs et des progressistes radicaux, les désaccords ne reposant guère que sur le rythme du changement et quelques points de détail. Tout ce petit monde partage la croyance qu'une bonne société est une société dans laquelle les individus ont assez d'argent et d'autonomie personnelle pour faire ce qu'ils veulent.

Le progrès comme religion

Pour les adeptes libéraux classiques du mythe du progrès, la société idéale est celle dans laquelle chacun dispose de la même liberté de choix. Pour les radicaux, c'est celle dans laquelle tout le monde bénéficie d'une égalité de résultat. Mais croire que la situation d'un individu peut être améliorée par l'effort humain collectif est un puissant moteur politique. Il est difficile de le comprendre avec notre point de vue du XXIe siècle, mais l'idée que la pauvreté, la maladie et l'oppression ne sont pas inéluctables était un concept historiquement révolutionnaire. Aux gens dont les ancêtres n'avaient connu que le manque et la souffrance, elle offrait l'espérance dans l'avenir.

Marx comparait la religion à une drogue parce qu'elle atténuait les douleurs de la vie des prolétaires et, à son avis, leur ôtait la conscience qu'ils étaient en mesure de renverser l'ordre social qui les opprimait. Contrairement aux progressistes de tradition libérale, Marx et ses semblables promettaient que la mise en place d'une politique radicale concentrant les puissances réunies de la science et de la technologie pourrait établir le paradis sur terre. Ces athées croyaient que les hommes seraient comme des dieux.

Perversion de la religion, l'idéologie progressiste sait trouver les mots qu'il faut pour séduire les cœurs affamés. Miłosz et d'autres dissidents en témoignent, le communisme a répondu à un désir essentiellement religieux dans l'âme tourmentée des jeunes intellectuels. Le progressisme sous toutes ses formes satisfait le même désir chez les jeunes cultivés d'aujourd'hui, qu'ils aient ou non reçu une éducation religieuse – en tout cas chez ceux qui n'ont pas connu la solidité d'une tradition religieuse bien ancrée. Il faut que les chrétiens d'aujourd'hui comprennent que, fondamentalement, ils ne résistent pas à une pensée politique adverse, mais bien à une religion rivale.

C'est ce qu'ont connu les jeunes Russes de la fin du XIXe siècle qui ont embrassé le marxisme avec une ferveur de convertis. Il dispensait à ses fidèles un récit qui les aidait à comprendre pourquoi les choses étaient comme elles étaient et à savoir ce qu'ils avaient à faire, en tant que marxistes, pour instaurer un monde plus juste. C'était une philosophie optimiste qui promettait l'abondance pour tous les peuples du monde.

Pour mettre en place leur utopie, les marxistes devaient d'abord mettre en déroute le christianisme, fausse religion qui sanctifiait la classe dirigeante et maintenait sous sa coupe les pauvres dont elle entretenait les superstitions. Ils détestaient également ceux qu'ils appelaient les philistins, ces gens méprisables qui menaient leur vie sans penser à rien de plus grand, de supérieur. L'intelligentsia radicale considérait les philistins comme leurs opposés absolus, comme des brutes, des animaux, autrement dit des Goliath, tandis qu'eux-mêmes avaient plutôt la finesse d'un David. Ils les détestaient avec une intensité dévorante, peut-être bien parce qu'ils étaient souvent issus de familles « philistines ».

Les braves et honnêtes philistins n'étaient pas le genre de personnes prêtes à souffrir et à mourir pour leurs croyances. Ce qu'étaient les bolcheviques. Le gouvernement tsariste envoya beaucoup de leurs dirigeants en exil en Sibérie, ce qui, loin de les briser, ne fit que les rendre plus forts.

« L'exil était synonyme de souffrance, d'intimité et de sublime immensité des profondeurs célestes. Il offrait une métaphore parfaite de tout ce qui n'allait pas dans le “monde du mensonge” et de ce qui était au cœur de la promesse du socialisme », explique Yuri Slezkine[8]. Être révolutionnaire à cette époque, c'était communier à un but supérieur, à une belle espérance, à une même colère électrisante – comme celle des sectateurs contemporains à l'encontre de tous ceux qui s'opposent à leur idéal religieux de justice sociale.

Comme l'écrit Slezkine, la foi chrétienne et le totalitarisme s'intéressent tous deux, au bout du compte, au cœur de l'homme. Le christianisme et le communisme – c'est-à-dire la forme la plus radicale de progressisme – sont en fait deux religions concurrentes. De même aujourd'hui, en dépit de l'aveuglement de certains chrétiens théologiquement progressistes, le christianisme et le nihilisme bon enfant qui caractérise le progressisme de notre ère postchrétienne sont deux religions concurrentes.

Les inquisiteurs sont parmi nous

En 2019, je suis allé rencontrer un célèbre intellectuel anglais, sir Roger Scruton, quelques mois avant sa mort, pour discuter du

8. Slezkine, *op. cit.*

travail qu'il avait mené dans les années quatre-vingt pour soutenir les dissidents d'Europe de l'Est. Son rôle avait été déterminant dans la création d'une université clandestine à Prague. En tant que figure incontournable du conservatisme universitaire britannique, il s'est par la suite illustré comme l'un des critiques les plus pénétrants et les plus brillants de ce que nous appelons le « politiquement correct » – en partie parce qu'il en a souvent fait les frais.

Installés dans la bibliothèque de sa maison de campagne du Wiltshire, nous sommes tombés d'accord pour définir le combat que nous menons comme une lutte religieuse et non politique. « Il n'y a pas de ligne de front claire, mais tout est figé autour d'un ensemble de doctrines que nous n'avons aucun problème à reconnaître », m'a-t-il dit.

Il a poursuivi en m'expliquant que dans le *soft* totalitarisme émergent, toute pensée ou tout comportement que l'on peut accuser d'exclure tel ou tel groupe qui a les faveurs de la gauche, fait l'objet d'une sévère condamnation. Cette « doctrine officielle » n'est pas imposée d'en haut par le régime, mais elle vient plutôt du bas, d'un consensus au sein de la gauche ; son exécution se fait sous la forme d'une chasse aux sorcières et aux boucs émissaires.

« Si vous vous démarquez, surtout si vous faites partie, comme journaliste ou comme universitaire, des relais d'opinion, alors le but est d'empêcher que votre voix ne soit entendue, me dit-il. Si vous avez un poste d'enseignant, vous le perdrez ou, comme il m'est arrivé récemment, on vous conviera à une interview piégée dont le texte tronqué et mensonger servira à vous accuser de toutes sortes de crimes de pensée. »

Scruton faisait ici référence à un entretien qu'il avait accordé à un journaliste de gauche, lequel avait déformé ses propos pour le faire passer pour un sectaire intolérant, avant de se vanter sur les réseaux sociaux d'avoir eu la peau d'un « raciste homophobe ». Heureusement, un enregistrement de l'entrevue avait fini par ressortir et par le blanchir entièrement. Mais ceux que l'on accuse aujourd'hui de crimes de pensée – le terme inventé par Orwell pour parler du délit d'opinion – n'ont pas toujours cette chance.

Pour Scruton, les crimes de pensée – autrement dit, les hérésies –, par leur nature même, faisaient de l'accusation et de la culpabilité une seule et même chose. Il avait pu le constater lors de ses voyages dans le bloc communiste, où le but était de maintenir le système en place en fournissant le minimum d'effort.

« À cette fin, on inventait de temps à autre tel ou tel nouveau crime de pensée pour piéger les ennemis du peuple, m'a-t-il raconté. À mon époque, c'était le "complot impérialiste sioniste". Vous pouviez vous retrouver accusé d'en faire partie, et personne n'était en mesure de vous défendre parce que personne ne savait de quoi il s'agissait ! C'est exactement comme l'"homophobie" ou l'"islamophobie", ces nouveaux crimes de pensée, dont on se demande bien ce qu'ils signifient. Chacun peut allègrement participer au lynchage électronique du bouc émissaire, sans jamais avoir à rendre de comptes, parce qu'il n'est plus nécessaire de prouver l'accusation. »

La portée du crime de pensée contemporain ne cesse de s'étendre – homophobie, islamophobie, transphobie, biphobie, grossophobie, racisme, capacitisme, etc. –, au point qu'on ne sait jamais si le terrain sur lequel on s'aventure est sûr ou bien s'il est miné. Pourtant, Scruton a raison : tous ces crimes de pensée dérivent de « doctrines », pour reprendre son terme, qui nous sont parfaitement familières. Ces doctrines constituent le cœur idéologique du *soft* totalitarisme d'aujourd'hui, comme la doctrine marxiste de la lutte de classes alimentait le totalitarisme dur de l'ère soviétique.

On imagine tel salarié d'une entreprise du CAC 40 ou tel jeune maître de conférences subissant son énième atelier « diversité, équité et inclusion », et devant faire de son mieux pour ne pas être soupçonné de dissidence. En fait, nul besoin d'imaginer : mon rôle de journaliste et l'intérêt que j'ai pour ces questions me permettent d'entendre beaucoup d'histoires de ce genre de la part de personnes, toujours des cols blancs, universitaires, médecins, avocats, ingénieurs ou cadres, qui gardent au placard leurs opinions conservatrices. Ils savent qu'un simple soupçon, sans même parler d'exprimer à haute voix une opinion divergente, suffit à mettre un coup d'arrêt à leur carrière.

Par exemple, un professeur d'université spécialiste du communisme russe m'a décrit une réunion à laquelle il a dû participer, organisée par le département des sciences humaines de sa faculté, au cours de laquelle était exigée des candidats à un poste d'enseignant une déclaration formelle de loyauté à la ligne idéologique de la « diversité » – alors même que cela n'avait rien à voir avec la capacité à enseigner ou avec l'érudition.

Selon ses termes, il s'agissait d'une véritable chasse aux sorcières dont le but était double : éliminer toute dissidence du bassin d'emploi, et avertir ceux qui étaient déjà en poste qu'ils seraient désormais surveillés et qu'aucun écart par rapport à la ligne idéologique de la justice sociale ne serait admis.

Voilà typiquement une forme douce de totalitarisme. Prenons la même chose, la même logique, mais dans sa version dure : en 1918, Lénine déclenchait la Terreur rouge, une campagne d'anéantissement de tous ceux qui avaient résisté au pouvoir bolchevique. Martin Latsis, le chef de la police secrète en Ukraine, donna à ses agents les instructions suivantes :

> Ne regardez pas dans son dossier ce qui pourrait vous permettre d'incriminer l'accusé – des preuves de dissidence, armée ou non. Demandez-lui plutôt à quelle classe il appartient, quel est son parcours, son instruction, sa profession. Telles sont les questions qui détermineront le sort de l'accusé. C'est cela, en essence, la Terreur rouge[9].

Notez bien que les paroles et les actes d'un individu n'avaient rien à voir avec la détermination de la culpabilité ou de l'innocence. On était présumé coupable selon la classe et le statut social. Une révolution qui avait commencé comme une tentative de réparer des injustices historiques était rapidement devenue un exercice d'extermination par la force brute. Les communistes présentaient l'emprisonnement,

9. Martin Latsis cité par Anna Geifman, *Death Orders : The Vanguard of Modern Terrorism in Revolutionary Russia*, Santa Barbara, Praeger, 2010, p. 126.

la ruine et même l'exécution de ceux qui s'opposaient au progrès comme nécessaires pour atteindre la justice et mettre fin à l'exploitation et aux privilèges.

Une forme plus douce de la même logique est à l'œuvre dans nos institutions – lesquelles, cette fois, gardent les mains propres. Les progressistes font avancer leur conception malsaine de la justice en terrorisant les dissidents avec la même efficacité que des inquisiteurs traquant les ennemis de l'orthodoxie religieuse.

Comprendre le culte de la justice sociale

Dans le chapitre précédent, nous avons brièvement examiné comment les guerriers de la justice sociale jouent un rôle similaire dans notre société à celui qu'ont joué les bolcheviques dans la Russie tsariste, et nous avons ébauché le profil du *SJW* typique. Aucun intellectuel de premier plan n'a sans doute produit d'étude aussi décisive sur la nature fondamentalement religieuse de ces militants progressistes que le mathématicien athée James A. Lindsay.

Lindsay soutient que la justice sociale répond aux mêmes besoins psychologiques et sociaux que la religion auparavant – ce qu'elle est devenue incapable de faire. Comme les religions conventionnelles, la justice sociale repose sur des affirmations axiomatiques infalsifiables que l'on ne peut qu'accepter comme des vérités révélées. Voilà pourquoi argumenter avec ces fanatiques est à peu près aussi productif que causer théologie avec une assemblée de talibans. Pour les nouveaux inquisiteurs, le « dialogue » est compris comme le processus par lequel les opposants confessent leurs péchés et se soumettent tremblants au *credo* de la justice sociale.

Ces « guerriers » appartiennent à ce que Lindsay appelle une « communauté morale idéologiquement motivée ». Loin d'être relativistes en matière de morale, les *SJW* sont des rigoristes animés par un souci constant et profond de pureté, et ils ne reculent devant rien pour imposer leurs sacro-saintes croyances. Celles-ci donnent un sens et une direction à leur vie et le sentiment d'avoir une mission à accomplir.

Quelles sont-elles? Essayons d'en dresser à grands traits le catéchisme en nous fondant sur l'analyse de Lindsay[10].

L'existence humaine repose sur un fait central : le pouvoir et son exercice

La politique est l'art et la science de la distribution et de l'exercice du pouvoir dans une société. Pour les *SJW*, la vie ne se comprend qu'en termes de relations de pouvoir. La justice sociale consiste à réorganiser la société pour créer des relations de pouvoir plus équitables (plus justes). Ceux qui lui résistent pratiquent la « haine » et l'on ne peut pas les raisonner ni les tolérer : on doit les vaincre.

La vérité objective n'existe pas : il n'y a que le pouvoir

Qui décide de ce qui est vrai et de ce qui est faux? Ceux qui détiennent le pouvoir. Les revendications religieuses, les arguments philosophiques et les théories politiques sont autant de voiles qui dissimulent la volonté de puissance. Ce ne sont que des constructions rationnelles qu'utilisent les oppresseurs pour maintenir les opprimés en leur pouvoir. La légitimité d'une prétention à la vérité dépend de celui qui l'exprime.

La politique d'identité détermine qui est opprimé et qui est oppresseur

Dans le marxisme classique, la bourgeoisie est l'oppresseur et le prolétariat est l'opprimé. Dans le culte de la justice sociale, les

10. James A. Lindsay et Mike Nayna, « Postmodern Religion and the Faith of Social Justice », *Areo*, 18 décembre 2018, areomagazine.com/2018/12/18/postmodern-religion-and-the-faith-of-social-justice.

oppresseurs sont généralement les mâles blancs hétérosexuels et chrétiens. Les opprimés sont les minorités ethniques, les femmes, les minorités sexuelles et les minorités religieuses. Curieusement, les pauvres sont relativement bas dans la hiérarchie des opprimés. Par exemple, un Gilet jaune qui vit précairement en dehors d'une grande ville est un oppresseur ; une lesbienne noire enseignant dans une grande école est une opprimée. La justice ne consiste pas à donner ce qui lui est dû à chaque individu pour lui-même, mais en tant qu'il est porteur d'une identité de groupe.

L'intersectionnalité est l'œcuménisme de la justice sociale

Les personnes porteuses d'identités que l'on peut ranger dans la « matrice des oppressions » créent entre leurs différentes identités des liens par ce qu'on appelle l'intersectionnalité. L'idée est la suivante : tous ceux qui sont opprimés par les classes privilégiées – le patriarcat, la blanchité, etc. – sont liés en vertu de leur oppression, et doivent faire front commun contre le pouvoir en place. Ceux qui n'appartiennent pas à un groupe opprimé peuvent devenir des « alliés » dans cette lutte.

Le langage crée des réalités humaines

Les guerriers de la justice sociale croient que la nature humaine s'est construite en grande partie par l'usage de conventions linguistiques. C'est pourquoi ils insistent fortement sur le style et le contenu des discours – qui peuvent, selon les cas, légitimer telle manière d'être et délégitimer telle autre. Les *SJW* contrôlent étroitement la parole, écrite comme orale, condamnant les discours qui les offensent comme des formes de violence. L'écriture dite « inclusive » en est un parfait exemple*.

Les conservateurs, les libéraux classiques et tous ceux qui se tiennent en dehors du mouvement ne savent jamais vraiment comment répondre à ses revendications agressives. C'est parce qu'ils supposent *a priori* que les *SJW*, qui ne professent généralement aucune religion établie, opèrent selon les normes établies du discours libéral laïc, avec son respect pour le raisonnement discursif.

Un exemple : en 2015, un couple de professeurs de la prestigieuse université de Yale, Nicholas et Erika Christakis, ont été violemment pris à partie par leurs élèves. Les Christakis, des libéraux de la vieille école, avaient commis l'erreur de proposer à leurs élèves de débattre en usant des outils traditionnels de la raison. Hélas, les étudiants, fervents défenseurs de la justice sociale, considéraient que leurs croyances subjectives étaient une forme de connaissance légitime et incontestable, et que les professeurs avaient attaqué leur identité.

Certains conservateurs pensent que les *SJW* doivent être contrés par l'argumentation, persuadés qu'ils l'emporteront s'ils s'en tiennent aux méthodes discursives libérales. C'est une erreur fondamentale qui leur masque la véritable nature de la menace. Impossible de juger de la situation et d'agir en conséquence si l'on ne voit pas les guerriers de la justice sociale pour ce qu'ils sont vraiment, si l'on ne comprend pas où ils opèrent vraiment. L'étudiant militant qui hurle des imprécations sur son campus est facile à repérer, mais la vraie menace est ailleurs : il faut débusquer ses aînés et ses compagnons de route qui ont intégré la bureaucratie et les grandes institutions, d'où ils exercent véritablement un pouvoir immense.

Justice sociale et christianisme

L'expression « justice sociale » a longtemps été associée au christianisme, en particulier au catholicisme (elle a été popularisée par le jésuite Luigi Taparelli au XIXe siècle). Pour la doctrine sociale catholique, la justice sociale est l'idée que les individus ont la responsabilité de travailler pour le bien commun afin de se rendre dignes de leur nature d'êtres façonnés à l'image de Dieu. Traditionnellement, la justice sociale cherche à aplanir les obstacles structurels à l'équité entre les groupes d'une société donnée. Elle se fonde largement sur les enseignements du Christ, notamment sur l'importance de la miséricorde et de la compassion envers les pauvres et les exclus.

Mais cette version chrétienne est difficile à concilier avec les idéaux laïques de justice sociale. D'abord parce qu'elle repose sur la conception biblique de ce qui fait un être humain – y compris la raison pour laquelle tout être humain a été créé. Ensuite parce qu'elle suppose un ordre moral transcendant défini par les Écritures saintes et l'enseignement de l'Église. Enfin parce que, pour elle, un ordre social est juste dans la mesure où il permet à chacun de faire le bien.

Le Français Aristide Pierre Maurin – connu plus tard sous le nom de Peter Maurin –, le cofondateur, aux États-Unis, du *Catholic Worker Movement* (Mouvement ouvrier catholique), fut un véritable guerrier chrétien de la justice sociale. Il est intéressant de noter d'ailleurs que le père Kolaković diffusa ses écrits dans sa Famille à Bratislava. Maurin établissait une claire distinction entre la justice sociale chrétienne et celle, impie, des marxistes. Pour ces derniers, la justice sociale signifiait une répartition égale des biens matériels. Pour les chrétiens, elle signifiait créer une société de cohésion où tous, riches comme pauvres, vivent dans la solidarité et la charité au long de leur pèlerinage vers l'unité avec le Christ.

Aujourd'hui, la justice sociale s'est sécularisée, abandonnant toute dimension chrétienne. Parce qu'ils défendent une certaine morale sexuelle et les catégories de genre traditionnelles, les chrétiens sont considérés par les progressistes comme des ennemis de la justice sociale. Le philosophe catholique Michael Hanby a raison d'établir un lien entre le radicalisme sexuel et les racines scientifiques du mythe du progrès. Il écrit que « la révolution sexuelle est, au fond, la révolution technologique et sa guerre perpétuelle contre les limites naturelles appliquée extérieurement au corps, et intérieurement à la compréhension que nous avons de nous-mêmes[11] ».

11. Michael Hanby, « The Brave New World of Same-Sex Marriage », *The Federalist*, 19 février 2014. thefederalist.com/2014/02/19/the- brave-new-world-of-same-sex-marriage/.

Sans le christianisme et sa croyance en la faillibilité de la nature humaine, les progressistes sécularisés ont tâché de donner à leur fanatisme une forme de respectabilité. Le christianisme enseigne que tous les hommes et toutes les femmes – pas seulement les riches, les puissants, les hétérosexuels, les Blancs et tous les autres prétendus oppresseurs – sont des pécheurs qui ont besoin du Rédempteur. Tous sont appelés à reconnaître leurs fautes et à se repentir. Une « justice sociale » qui fait peser l'iniquité uniquement sur certains groupes est une perversion de l'enseignement chrétien. Réduire l'individu à son statut économique, à sa race, à son sexe ou à sa sexualité est une faute anthropologique ; c'est contraire à la vérité, donc fondamentalement injuste.

De plus, pour les chrétiens, un ordre social qui nie le péché et érige des structures ou approuve des pratiques qui coupent l'homme de son Créateur, ne pourra jamais être un ordre juste. Pour eux, l'avortement sera toujours une injustice. C'est le cas de toute proposition – comme le mariage homosexuel – qui ratifie le péché et porte atteinte à la famille naturelle. Dans une encyclique de 1986, le pape Jean-Paul II dénonçait l'« esprit des ténèbres » qui présente trompeusement « *Dieu comme un ennemi* de sa créature et, avant tout, comme un ennemi de l'homme, comme une *source de danger et de menace pour l'homme*[12] ».

Les chrétiens ne peuvent approuver aucune forme de justice sociale qui nie l'enseignement biblique. Cela inclut les tentatives d'application à la vie de l'Église des catégories formulées par la politique d'identité. Par exemple, répondre favorablement aux appels à « décoloniser » l'Église signifierait imposer des catégories de la politique d'identité à la théologie et au culte, donc transformer la foi en un radicalisme de gauche en prière.

Un bon chrétien doit œuvrer à la justice sociale, mais il ne peut le faire que dans la fidélité à la vision chrétienne de la morale et de la théologie, qui seule permet de donner tout son sens à la justice.

12. Jean-Paul II, *Dominum et Vivificantem*, 18 mai 1986, paragraphe 38.

Toute campagne qui postule que le Dieu de la Bible est un ennemi de l'homme et de son bonheur est frauduleuse et doit être rejetée.

Retour vers le futur ?

Nous devons à tout prix nous débarrasser de notre handicapante nostalgie de l'avenir, surtout si nous sommes d'un caractère optimiste et partons du principe que tout finira par aller pour le mieux. Diaghilev et ses amis, lors du banquet du *Metropol* en 1905, ne se doutaient pas que la belle mort à laquelle ils levaient leur verre signifierait les balles des bourreaux, les famines orchestrées de toutes pièces, le meurtre de millions de personnes. Diaghilev était à l'étranger pendant la Révolution mais, ayant vu ce que les bolcheviques avaient fait de son pays, il n'y retourna jamais.

D'un autre côté, même lorsque les faits nous donnent peu de raisons d'être optimistes, nous autres chrétiens ne devons pas abandonner l'espérance.

Quatre-vingts ans après le fameux banquet, Mikhail Gorbatchev arrivait au pouvoir au Kremlin, et déjà l'énorme machine totalitaire, rongée de l'intérieur, était sur le point de s'effondrer, ce que personne, parmi les millions de malheureux asservis sous sa coupe, ne soupçonnait encore. Le politologue Flagg Taylor, spécialiste de la résistance tchèque, m'a raconté que pas un seul chef dissident avec qui il a pu en discuter au cours de ses recherches ne s'attendait à voir survenir la chute du communisme de son vivant.

Vlado Palko, un professeur slovaque qui avait bravé les canons à eau de la police lors de la manifestation des Bougies de Bratislava, était l'un d'entre eux. Il avait connu la peur en cette nuit de mars 1988, et rien ne le portait à croire que ce mouvement déclenché par l'Église souterraine aurait un effet quelconque. Mais comme il l'avait dit à sa femme avant de partir pour la manifestation, sa dignité d'homme exigeait qu'il fasse front avec ses frères catholiques, une bougie à la main, et prie publiquement pour la liberté.

« Je pensais alors que le communisme durerait encore mille ans, m'a-t-il confié. Ça n'a pas été le cas. Et c'est un motif d'espérance pour notre époque dominée par la douce tyrannie du politiquement correct. Celle-ci prendra fin. La vérité a le pouvoir de mettre fin à toute tyrannie. »

Palko et les autres étaient bien accompagnés. Presque tous les experts de l'Ouest, des universitaires qui avaient passé leur vie à étudier le communisme soviétique, avaient prédit sa disparition rapide. On ne sait jamais quand l'histoire produira des figures comme Lech Wałęsa, Alexandre Soljénitsyne, Karol Wojtyła, Václav Havel et tous les héros moins connus de la résistance. Ils se sont battus pour la vérité et la justice, non pas dans l'espoir d'une victoire immédiate, mais parce que c'était ce qu'il fallait faire.

Nul besoin d'avoir connu la guerre froide pour voir qu'une conception du progrès qui nécessite des camps de travail, des réseaux de délation et l'appauvrissement généralisé pour obtenir la justice et l'égalité est une supercherie. Il est bien plus difficile de s'opposer à sa version douce. Celle-ci semble découler naturellement du mythe du progrès tel qu'il a été vécu dans nos démocraties, dans notre société de consommation qui, depuis des générations, définit le progrès comme la libération du désir humain de toutes ses limites. Il faut pourtant que les chrétiens traditionnels le fassent, même si cela signifie, pour beaucoup d'entre nous, désapprendre les mythes politiques que nous avons absorbés sans nous poser de question, parce que nous pensions que notre civilisation conservait dans sa pensée et ses raisonnements les vieilles catégories chrétiennes. Pour prendre la mesure de la longue lutte qui nous attend, nous devons comprendre la nature profonde de notre adversaire.

Il voit les chrétiens comme le dernier obstacle à la Grande Marche, comme les porteurs de croyances vermoulues qui empêchent les gens d'être libres et heureux. Où que nous nous cachions, ils nous traqueront, nous trouveront et n'hésiteront pas à nous punir si cela peut permettre au monde d'atteindre la perfection. Ce qui nous amène au dernier point critique pour bien saisir le défi radical auquel nous sommes confrontés et mettre sur pied une stratégie de résistance : le pouvoir et la portée de la technologie de surveillance.

Chapitre 4

Le capitalisme *woke* veille

Kamila Bendova est assise dans son fauteuil, dans cet appartement de Prague où elle et son défunt mari, Václav, avaient l'habitude d'organiser des séminaires clandestins pour construire la dissidence anticommuniste. Trente ans ont passé depuis la chute du communisme, mais Bendova est toujours aussi vigilante face aux menaces qui pèsent sur la liberté. Lorsque je lui raconte que des dizaines de millions de personnes ont déjà installé chez elles des « enceintes connectées » qui surveillent leurs conversations pour leur faciliter la vie, Kamila a un vif mouvement de recul. La consternation qui se peint sur son visage vaut tous les mots : *comment les gens peuvent-ils être aussi naïfs ?*

Pour rester libre de dire la vérité, me dit-elle, il faut se créer une zone d'intimité inviolable. Elle me rappelle que la police secrète avait mis son appartement sur écoute, et qu'elle et sa famille vivaient en sachant que le gouvernement écoutait chacune de leurs paroles. L'idée que l'on puisse acheter et installer chez soi un appareil qui enregistre toutes vos conversations et les transmet à un tiers lui paraît horrifiante. Aucun confort ne vaut une telle prise de risques.

« L'information, c'est le pouvoir, martèle Kamila. Parce que nous avons vécu sous un régime totalitaire, nous savons que détenir une information à propos de quelqu'un, c'est pouvoir le manipuler. L'utiliser contre lui. C'est comme ça que la police secrète montait ses dossiers à charge. Elle pouvait utiliser n'importe quoi contre nous. N'importe quoi ! »

Kamila me montre les cicatrices toujours bien visibles le long du mur du salon, là où elle et son mari, après la libération, ont arraché les fils du dispositif de surveillance de la police secrète. Il se trouve qu'aujourd'hui encore, aucun membre de la famille Benda n'utilise de *smartphone* ni n'a de boîte *mail*. C'est trop risqué, disent-ils.

La montée du capitalisme *woke*

Le rapport que nous entretenons à l'institution étatique est un point de différence entre Américains et Européens. Aux États-Unis, la guerre froide a renforcé notre méfiance traditionnelle vis-à-vis de l'État, que l'on considère comme la première menace à la liberté. Nous avons grandi en lisant Orwell et en entendant toutes sortes de témoignages de transfuges des pays communistes qui nous décrivaient toute l'horreur d'une vie totalement contrôlée par le gouvernement. En outre, la culture américaine a toujours aimé la figure de l'individu solitaire qui se démarque du troupeau. Notre archétype est le cow-boy, la figure même de la liberté à l'américaine.

La philosophie conservatrice à l'européenne est moins marquée par cet antagonisme viscéral vis-à-vis de l'État. Mais ces différences ont fini par s'estomper : reconnaissant que l'Union soviétique et ses alliés constituaient la menace la plus pressante, beaucoup de conservateurs d'après-guerre ont retourné leur veste et accepté de donner les coudées franches à l'État, un mal nécessaire pour protéger le mode de vie américain.

Ils n'en pensaient pas moins. Pour beaucoup à droite, en particulier pour le courant dit libertarien, les grandes entreprises étaient l'adversaire naturel de l'État-Léviathan. Parce que nées de l'entreprise privée, elles étaient perçues comme plus naturellement vertueuses que l'État. Si la guerre froide les contraignait à tolérer plus d'étatisme, ils s'imaginaient que les grandes entreprises serviraient de rempart à toute tentative hégémonique de l'État, en plus de constituer le bras armé de l'américanisation du monde face au bloc soviétique.

Bien que les libéraux soient moins enclins à sanctifier le commerce que les conservateurs, la fin de la guerre froide a converti les principaux leaders libéraux – je pense notamment à Bill Clinton et à Tony Blair – à l'évangile du marché mondialisé, auquel seule a résisté une frange conservatrice réfractaire. Au cours du dernier quart de siècle, la mondialisation et les progrès de la technologie ont permis une expansion fulgurante de la puissance des grandes entreprises.

Aujourd'hui, quelques-unes de ces multinationales concentrent plus de pouvoir que beaucoup de pays. Le chiffre d'affaires du géant de la distribution Walmart est presque deux fois plus important que les recettes fiscales de l'État français. Amazon, plus riche que la Norvège, que la Turquie ou que l'Autriche, dispose de moyens comparables à ceux de la Russie*. Pour reprendre l'idée du spécialiste des relations internationales Parag Khanna, dans un monde où Apple a plus d'argent que les deux tiers des pays du monde, « les grandes entreprises sont susceptibles de dépasser tous les États en influence[1] ». Notre société ne fonctionnant plus désormais que par Internet, les GAFAM – Google, Amazon, Facebook, Apple et Microsoft – ont une emprise incommensurable sur notre vie publique et privée.

Dans le même temps, les grandes entreprises ont progressivement basculé à gauche sur les questions sociétales. Pendant longtemps, le monde du commerce s'était interdit d'intervenir sur les sujets controversés, parce que prendre parti dans la guerre culturelle était considéré comme mauvais pour les affaires. Mais les choses ont fini par changer. En 2015, l'État de l'Indiana a adopté un projet de loi sur la liberté religieuse, qui permettait de protéger les entreprises

1. Parag Khanna, « These 25 Companies Are More Powerful Than Many Countries », *Foreign Policy*, 3 mars 2016, foreignpolicy.com/2016/03/15/these-25-companies-are-more-powerful-than-many-countries-multinational-corporate-wealth-power/.

poursuivies pour discrimination à l'encontre des homosexuels. Une puissante coalition de dirigeants d'entreprises, au nombre desquels ceux d'Apple et de Salesforce, ont menacé l'État de représailles économiques s'il ne faisait pas machine arrière. Ce qu'il a fini par faire. Depuis lors, les lobbyistes des multinationales n'ont cessé de faire pression sur les gouvernements pour qu'ils adoptent une législation pro-LGBT et s'abstiennent de renforcer la liberté religieuse.

Le stéréotype selon lequel un étudiant abandonne ses idées de gauche dès lors qu'il quitte son campus et découvre le « monde réel » est largement dépassé. En réalité, les jeunes diplômés ont appris à apporter avec eux leurs idéaux de justice sociale dans le monde du travail, contribuant à ce que l'on appelle la RSE, ou « responsabilité sociale des entreprises ». On ne trouvera évidemment personne pour défendre l'« irresponsabilité sociale des entreprises » – l'expression « RSE », comme celle de « justice sociale », n'est en fait qu'un euphémisme, un moyen de ne pas dire « politique culturelle progressiste ». Comme l'écrit Heather Mac Donald, « Les jeunes diplômés en victimologie universitaire sont en train de remodeler le monde à leur image[2]. »

Dans un ouvrage publié en 2018, *The Diversity Delusion* [*L'Illusion de la Diversité*], Mac Donald décrit comment les ressources humaines des entreprises sont devenues des commissariats de justice sociale. Près de 90 % des entreprises du Fortune 500 ont un directeur diversité et inclusion – les grands groupes européens, à l'instar de Chanel, Ubisoft, Kering ou Orange, suivent de près cette tendance – dont l'équipe transforme les pratiques de l'entreprise à toutes les échelles au nom de la trinité « équité, diversité et inclusion » : recrutement, avancement, bonus de fin d'année, et réglemente toutes les interactions sur le lieu de travail.

Les pays traditionnellement plus conservateurs ne sont pas épargnés, au contraire. J'ai reçu de nombreux témoignages de

2. Heather Mac Donald, *The Diversity Delusion : How Race and Gender Pandering Corrupt the University and Undermine Our Culture*, New York, St. Martin's Press, 2018, p. 30.

Polonais qui, employés dans des multinationales, ont été obligés de participer à l'activisme LGBT au travail. Leur conscience leur dicte de ne pas s'en mêler, mais les conditions économiques de leur pays font qu'ils redoutent de se dérober à ces nouvelles exigences et d'en perdre leur emploi.

Il n'y a évidemment rien de mal à créer des lieux de travail où les gens sont traités équitablement et jugés selon leur performance. C'est ce qu'on appelle communément la « justice ». Mais rappelons-le : la justice sociale n'est pas la même chose. D'après Mac Donald, il n'existe pour ainsi dire aucune preuve empirique de la nécessité réelle pour les entreprises d'adopter ce type de politique. Et pourtant, nombre de dirigeants, réputés par ailleurs pour savoir garder la tête froide, font fi de la réalité dès lors qu'il s'agit de justice sociale et de RSE. Comme si ces rites et ce catéchisme étaient plutôt l'expression d'une croyance religieuse que la réponse apportée à de véritables problèmes.

L'adoption d'un progressisme agressif par les grandes entreprises est l'un des dangers les plus sous-estimés des vingt dernières années. Certains parlent de « capitalisme *woke* », en usant du terme, initialement de gauche, qui qualifie ceux qui ont bénéficié de l'« illumination » progressiste. Le capitalisme *woke* est aujourd'hui, dans la nouvelle religion à l'œuvre, le plus puissant agent de transformation, car il unit l'idéologie progressiste à la force de frappe du consumérisme et de l'argent.

En 2018, dans sa lettre annuelle aux patrons des sociétés dont il est actionnaire, Larry Fink, le P.-D.G. de BlackRock, le plus puissant gestionnaire d'actifs au monde, déclarait que la RSE faisait désormais partie intégrante du coût des affaires :

> La société exige que les entreprises, qu'elles soient publiques ou privées, jouent désormais un rôle social. Pour prospérer durablement, elles devront non seulement être financièrement performantes, mais encore montrer comment elles contribuent de façon positive au bien de la société[3].

3. Larry Fink, « A Sense of Purpose », BlackRock, 2018, blackrock.com/corporate/investor- relations/2018-larry-fink-ceo-letter.

Les sondages effectués sur des panels de consommateurs donnent raison à Fink. Les membres des générations Y et Z, rompus au *personal branding*[4], ont tendance à considérer leurs habitudes de consommation comme l'expression d'une conscience sociale et sociétale. Pour de nombreuses entreprises, se montrer progressiste de façon ostentatoire est devenu la norme.

Que signifie « contribuer de façon positive au bien de la société » ? C'est montrer son attachement à telle ou telle « juste cause », du moment qu'elle appartient au *credo* progressiste. L'image de marque, à l'heure du capitalisme *woke*, peut exploiter les immenses ressources de l'industrie publicitaire pour faire passer sa propagande de manière explicite ou implicite, en présentant les croyances des conservateurs et des religieux traditionnels comme des obstacles au bien commun.

La montée du capitalisme de surveillance

En même temps que les grandes entreprises ont politisé la vie professionnelle selon une ligne inspirée par la justice sociale, elles se sont mises à amasser les données personnelles pour construire une nouvelle stratégie commerciale et marketing.

Dans *1984*, Winston Smith doit vivre avec un télécran chez lui. Cet appareil a deux fonctions : diffuser la propagande officielle et surveiller les citoyens, ce qui permet à l'État totalitaire de contrôler leur vie privée jusque sous leur toit.

Le roman d'Orwell a été largement diffusé, traduit, lu et relu : on pourrait penser nos populations vaccinées contre toute technologie invasive.

C'est tout le contraire. Le Big Brother du XXIe a trouvé une manière beaucoup plus insidieuse de s'introduire chez nous : il s'y

4. Autrement appelé « marketing personnel », le *personal branding* est la construction de l'image de soi en utilisant, aujourd'hui via les réseaux sociaux, des méthodes de promotion commerciale traditionnelles (N.d.T.).

est fait inviter. En 2018, plus de 16 millions d'enceintes connectées ont été vendues en Europe[5] ; en 2019, le marché, dominé par Amazon et Google, a encore progressé de 70 %[6]. 70 millions d'Américains en possèdent au moins une[7]. Les enceintes connectées ou haut-parleurs intelligents sont des dispositifs sans fil à commande vocale reliés à Internet. Ils servent d'assistants numériques : ils enregistrent les commandes vocales et exécutent des actions – obtenir des informations, commander des produits, contrôler les lumières et la musique, etc*. Pour une portion de plus en plus importante de la population, le confort importe plus que la vie privée.

Le consumérisme, c'est apprendre à aimer Big Brother. Celui-ci ne ressemble pas du tout à ce qu'on pouvait redouter – ce n'est pas un dictateur, encore qu'un jour il puisse le devenir. Pour le moment, son seul souci est capitalistique. C'est un vendeur, un courtier, un extracteur de matières premières et un fabricant de désirs. Il surveille pratiquement chaque mouvement que l'on fait, pour décider comment vous vendre davantage et, ce faisant, apprendre à déterminer votre comportement. De cette façon, Big Brother pose les bases du *soft* totalitarisme : il crée et met en œuvre la technologie nécessaire au contrôle politique et social de la population, et prépare celle-ci à l'accepter comme quelque chose de normal.

C'est le monde du « capitalisme de surveillance », un terme que l'on doit à Shoshana Zuboff, ancien professeur à la Harvard Business School. Dans son livre paru en 2020, *L'Âge du capitalisme de surveillance*, elle décrit et analyse une nouvelle forme de capitalisme créée

---

5. Florian INNOCENTE, « Les enceintes connectées marchent fort en Europe », *iGeneration*, 11 avril 2019. https://www.igen.fr/domotique/2019/04/les-enceintes-connectees-marchent-fort-en-europe-107492.

6. Jérôme G., « Enceintes connectées : nouveau record de ventes en 2019 », *GNT*, 8 mars 2020. https://www.generation-nt.com/enceinte-connectee-ventes-amazon-google-apple-actualite-1973968.html.

7. Sarah PEREZ, « Over a Quarter of US Adults Now Own a Smart Speaker, Typically an Amazon Echo », *Tech Crunch*, 8 mars 2019, techcrunch.com/2019/03/08/over-a-quarter-of-u-s-adults-now-own-a-smart-speaker-typically-an-amazon-echo/.

par Google et perfectionnée par Amazon et Facebook. Ce capitalisme aspire les données personnelles des individus et les analyse au moyen d'algorithmes sophistiqués pour prédire les comportements.

Le but, évidemment, est de présenter des produits et des services adaptés aux préférences individuelles. À première vue, rien de bien méchant : il s'agit tout simplement de ciblage publicitaire. Mais cette façade inoffensive cache une réalité nettement plus sinistre. Les maîtres de la *data* ne se contentent plus de trouver ce que l'on aime : ils cherchent activement à vous faire aimer ce qu'ils veulent que l'on aime sans que leurs petites manipulations soient détectées.

Les personnes dont les capitalistes de surveillance colonisent ainsi la vie ne leur en ont jamais donné la moindre permission formelle et informée, et elles n'ont à ce jour aucun moyen d'échapper à leur toile. Vous aurez beau quitter Facebook et jurer de ne jamais accepter qu'un objet intelligent entre chez vous, à moins d'être un ermite vivant coupé du réseau, vous serez toujours enfermé dans le système du capitalisme de surveillance.

« Ce pouvoir de façonner le comportement pour le profit d'autrui n'a reçu d'autorité que de lui-même, déclarait Zuboff dans une interview accordée au *Guardian*. Il n'a aucun fondement légitime, ni démocratique ni moral, car il usurpe toute capacité de décision individuelle et détériore les mécanismes d'autonomisation de la personne, lesquels sont essentiels au fonctionnement d'une société démocratique. Le message ici est simple : *Autrefois, je m'appartenais. À présent, je leur appartiens*[8]. » (Je souligne.)

L'histoire du capitalisme de surveillance débute en 2003 lorsque Google, de loin le premier moteur de recherche sur Internet, a breveté un processus qui lui permettait de faire de la grande quantité de données qu'il collectait à partir de recherches individuelles un

8. Shoshana Zubo, citée dans « "The Goal Is to Automate Us" : Welcome to the Age of Surveillance Capitalism », *The Guardian*, 20 janvier 2019, theguardian.com/technology/2019/jan/20/shoshana-zuboff-age-of-surveillance-capitalism-google-facebook.

usage tiers. Ses *data scientists* avaient trouvé le moyen d'utiliser le « sillage de données », c'est-à-dire les traces laissées par l'activité de l'internaute après une recherche, pour prédire le type de publicité qui lui plairait le plus.

En peu de temps, l'« extraction de données » est devenue la base d'une nouvelle économie. Google, Facebook, Amazon et d'autres ont trouvé le moyen de faire fortune en rassemblant, en reconditionnant et en revendant des données personnelles. Il ne s'agit plus aujourd'hui de vendre votre nom ni votre adresse postale ou électronique à des tiers. Cela va beaucoup plus loin. Des capteurs connectés enregistrent en continu des faits et des données vous concernant.

Imaginez donc : c'est le matin, vous êtes réveillé par l'alarme de votre *smartphone* posé sur votre table de nuit. Pendant que vous dormiez, les applications de votre téléphone ont envoyé à leurs éditeurs les détails de votre activité enregistrés pendant la journée. Vous sortez du lit, vous brossez les dents, enfilez vos affaires de sport et partez faire un footing de vingt minutes autour du pâté de maison. La montre connectée que vous portez au poignet enregistre vos données d'entraînement et les envoie elle aussi.

De retour chez vous, vous prenez une douche puis vous dirigez vers la cuisine pour vous servir un bol de céréales. À table, vous ouvrez votre boîte *mail*, consultez votre compte Facebook et naviguez sur vos sites d'informations de prédilection.

Tout ce que vous écrivez sur Gmail est traité par Google, qui analyse le texte à la recherche de mots-clés pour cibler la publicité qu'il vous montrera. Tout ce que vous publiez, likez ou partagez sur Facebook est enregistré par l'entreprise et utilisé dans sa publicité. Ses algorithmes sont devenus si sophistiqués que Facebook peut désormais faire des prédictions extrêmement précises sur votre activité par une simple association de données. Lorsque vous naviguez sur les sites d'informations, les cookies intégrés dans votre navigateur retiennent quels articles vous avez lus.

Lorsque vous vous rendez au travail, les capteurs de votre voiture enregistrent vos habitudes de conduite, car votre compagnie d'assurance vous a proposé de capter ces données en échange d'un taux plus intéressant si votre conduite est sûre. Tout peut être enregistré, jusqu'aux lieux et magasins où vous vous arrêtez, puis vendu à des spécialistes du marketing.

Tout au long de la journée, le *smartphone* dans votre poche renvoie des données de localisation à votre opérateur. Vous êtes traçable à tout moment, et la désactivation de la géolocalisation n'est pas infaillible. Toutes les demandes que vous adressez à Siri, votre assistant numérique, sont enregistrées et monétisées. Chaque recherche Google est enregistrée et monétisée. Vous sortez déjeuner et payez avec votre carte de crédit ? Les sociétés de marketing savent où vous avez mangé et elles associent ces données à votre profil personnel. Vous passez par le supermarché avant de rentrer pour faire quelques courses que vous payez à nouveau par carte ? Ils savent ce que vous avez acheté.

Si vous avez un réfrigérateur connecté, il traquera vos habitudes alimentaires. Une télévision connectée, le contenu que vous regardez – c'est bientôt elle qui vous regardera. Zuboff évoque les travaux très remarqués de la société Realeyes, qui développe une technologie de reconnaissance faciale susceptible de rendre les objets connectés capables d'analyser nos émotions. Lorsqu'elle sera disponible, votre télévision, votre téléphone ou votre ordinateur pourra surveiller votre réponse spontanée au contenu que vous avez devant les yeux, publicitaire ou non, et remonter ces informations à un tiers. Nul besoin d'être Orwell pour percevoir les dangers inhérents à une telle technologie.

La politique de surveillance

Les entreprises et les institutions pourraient utiliser les informations qu'elles récoltent pour manipuler le public, susciter artificiellement l'adhésion à telle ou telle croyance ou idéologie, et le rejet de telle autre : pourquoi pas ?

Au cours des dernières années, on a vu des réseaux sociaux bannir certains utilisateurs pour avoir enfreint les conditions d'utilisation. Twitter et Facebook suppriment régulièrement les comptes qui enfreignent leurs propres normes, soit qu'ils promeuvent la violence, soit qu'ils partagent du contenu jugé indécent, etc. La plate-forme YouTube, qui compte deux milliards d'utilisateurs actifs, peut décider de démonétiser tout le contenu (donc le gagne-pain) de vidéastes si elle considère qu'ils ont tenu des propos offensants. À la décharge de ces géants du Web, les services qu'ils proposent sont parfois utilisés par des personnes authentiquement malveillantes et dangereuses.

Mais qui décide des limites à ne pas franchir ? Facebook interdit « les formes d'expression qui menacent les autres, peuvent les intimider, les exclure ou les réduire au silence ». Difficile d'imaginer plus large ou plus sujet à interprétation. Twitter suspend les comptes d'utilisateurs qui auraient « mégenré » des personnes transsexuelles (utilisé le genre grammatical correspondant à leur sexe biologique) ou utilisé leur *deadname* (le nom qu'elles portaient avant leur transition).

Notons bien, être expulsé d'un réseau social, ce n'est pas être envoyé en Sibérie. Mais des entreprises comme PayPal refusent à certains individus ou à certaines organisations dont elles ne cautionnent pas les idées conservatrices d'utiliser leurs services[9]. La banque JPMorgan Chase, quoiqu'elle le nie, aurait ainsi unilatéralement clôturé les comptes d'un activiste jugé trop proche de l'*alt-right*[10]. En 2018, Citigroup et Bank of America ont annoncé

9. Caleb Parke, « Conservatives Call for PayPal Boycott After CEO Says Southern Poverty Law Center Helps Ban Users », *Fox News*, 28 février 2019, foxnews.com/tech/conservatives-call-for-paypal-boycott-after-ceo-admits-splc-helps-ban-users.

10. Michelle Malkin, « Is This Bank Chasing Away Conservatives ? », *National Review*, 15 avril 2019, nationalreview.com/2019/04/chase-bank-conservative-customers/.

leur intention de cesser toutes affaires avec les fabricants d'armes à feu[11].

Il n'est pas difficile d'imaginer les banques, les commerçants et les prestataires de services qui ont accès aux données de consommation récoltées par le capitalisme de surveillance punir les individus affiliés à des groupes religieux ou culturels qu'ils jugent opposés à leur idée du bien commun. La Silicon Valley, c'est bien connu, très à gauche sur les questions sociétales, est un haut lieu du culte de la justice sociale. Les *SJW* ont un mépris affiché pour les valeurs libérales classiques comme les libertés d'expression, d'association et de culte. Ce sont ces mêmes personnes qui, d'ici quelques années, décideront de votre droit d'accès à la vie numérique et à la société de consommation. Les chefs d'entreprise de la nouvelle génération font étalage de leur progressisme. Le capitalisme du XXIe siècle n'est pas seulement voué à la surveillance : il est aussi tout à fait *woke*.

Il fait peu de doute que ces sociétés aux intérêts bien arrêtés utilisent la *data* pour pousser les individus à penser, à agir de certaines façons. Zuboff écrit ainsi qu'un dirigeant de la Silicon Valley, qu'elle ne nomme pas, déclarait : « Le conditionnement à grande échelle est essentiel à la nouvelle science de l'ingénierie de masse des comportements[12]. » Selon ce *data scientist*, par une analyse approfondie du comportement des utilisateurs d'applications, son entreprise sera à terme en mesure de « modifier la manière dont les individus prennent des décisions au jour le jour[13] ».

Peut-être se contenteront-ils d'inciter à acheter certains produits plutôt que d'autres. Mais que se passera-t-il lorsque les produits

11. Katanga Johnson, « U.S. Gun Lobby Takes Aim at "Gun-Hating" Banks Citi, BofA », *Reuters*, 18 mai 2018, reuters.com/article/us-usa-guns-banks/u-s-gun-lobby-takes-aim-at-gun-hating-banks-citi-bofa-idUSKCN1IJ260.
12. Shoshana Zuboff, *L'Âge du capitalisme de surveillance*, trad. Bee Formentelli et Anne-Sylvie Homassel, Zulma, 2020.
13. *Ibid.*

seront des hommes politiques ? des idées ? Et comment les gens sauront-ils s'ils sont manipulés ou non ?

Si un grand groupe qui a accès aux données personnelles de ses utilisateurs décide que le progrès nécessite de supprimer les opinions dissidentes, il lui sera facile d'identifier les éléments réfractaires, quand bien même ils ne se seraient jamais exprimés en public.

On peut même étouffer toute possibilité pour eux d'avoir une tribune. L'écrivain britannique Douglas Murray a montré comment Google pondérait discrètement les résultats de recherche pour renvoyer des résultats plus conformes à l'idéologie de la « diversité ». Le groupe américain a beau affirmer ne pas se mêler de politique, Murray démontre que « ce qui transparaît n'est pas une vision "juste" des choses, mais une vision qui déforme gravement l'histoire et la présente au travers d'un parti pris actuel[14] ».

Résultat : pour le moteur de recherche de 90 % des internautes dans le monde, le « progrès » tel que défini par des Occidentaux de gauche vivant dans la Silicon Valley devient une norme.

Autre exemple – on n'en manque pas –, en Espagne cette fois, le parti populiste Vox a vu son compte suspendu par Twitter en janvier 2020, après que la porte-parole du Parti socialiste l'avait accusé d'« incitation à la haine » pour s'être opposé au projet lancé par le gouvernement socialiste de rendre obligatoires les études de genre à l'école, même sans le consentement des parents.

Bien sûr, Twitter, une entreprise basée à San Francisco et comptant 330 millions d'utilisateurs dans le monde, dont beaucoup font partie de l'élite médiatique et politique, n'a rien d'une entité publique et, partant, n'est absolument pas tenue de garantir la liberté d'expression. Mais que se passerait-il, pour la qualité de l'information, si les réseaux sociaux et les services en ligne dont la plupart des gens dépendent – Twitter, Gmail, Facebook, etc. – décidaient de jouer les kapos numériques et de

14. Douglas Murray, *La Grande Déraison : Race, genre, identité*, trad. Daniel Roche, Paris, L'Artilleur, 2020.

supprimer les comptes de ceux dont ils considèrent les opinions religieuses ou politiques comme réactionnaires ?

Qu'est-ce qui empêche nos gouvernements de faire la même chose ? Certainement pas le manque de moyens techniques. En 2013, Edward Snowden, ancien analyste à la National Security Agency (NSA), révélait au monde toute l'étendue de l'espionnage pratiqué par le gouvernement fédéral américain sur les individus. Dans son autobiographie, *Mémoires vives*, publiée en 2019, il écrit avoir découvert que

> le gouvernement américain créait une agence éternelle de maintien de l'ordre. Il pouvait à tout moment fouiller dans les communications passées de tous (et les communications de chacun d'entre nous contiennent des preuves de quelque chose). À tout moment, et cela jusqu'à la fin des temps, une nouvelle administration ou un autre patron dévoyé de la NSA serait en mesure de surveiller toute personne ayant un ordinateur ou un portable, de connaître son identité, sa localisation géographique ainsi que son activité, présente et passée[15].

Snowden mentionne également un discours du directeur de la technologie de la CIA, Gus Hunt, en 2013, passé presque inaperçu – seul le *Huffington Post* en avait parlé. Il disait ceci : « Nous en sommes au point où nous parvenons presque à capter la totalité de l'information générée par l'homme », ajoutant qu'une fois que la CIA serait en mesure de s'assurer un accès à ces données, elle s'attellerait à trouver le moyen de les sauvegarder et de les analyser[16].

---

15. Edward Snowden, *Mémoires vives*, trad. Étienne Menanteau et Aurélien Blanchard, Paris, Seuil, 2019.

16. Matt Sledge, « CIA's Gus Hunt on Big Data : We "Try to Collect Everything and Hang On to It Forever" », *Huffington Post*, 20 mars 2013, huffingtonpost.com.au/entry/cia-gus-hunt-big-data_n_2917842.

Il faut bien comprendre ce que cela signifie : votre vie privée numérique appartient à l'État américain, maintenant et à jamais. Pour le moment, un ensemble de lois et de règles de droit l'empêche d'utiliser ces informations contre des individus, sauf s'ils sont soupçonnés de terrorisme, de crime organisé ou d'espionnage. Mais la loi est-elle un refuge si fiable que cela ? Si le gouvernement est déterminé à vous faire tomber, rien ne lui sera plus facile que de fabriquer de toutes pièces un crime à partir des données qu'il a capturées, ou bien de révéler celles-ci pour nuire à votre réputation.

Ce dont les tyrans orwelliens du bloc communiste rêvaient, la diffusion du culte de la justice sociale et la puissance du capitalisme de surveillance l'ont fait. Elles ont constitué un environnement favorable à l'émergence du *soft* totalitarisme, un État policier rose dans lequel les puissances gouvernementales et corporatives contrôleront les populations en les flattant de leurs mains gantées de velours numérique et en les convainquant d'abandonner leurs libertés au nom de la sécurité, du confort et de la commodité.

La Chine, le pire du Milieu

Nul besoin de faire un effort d'imagination pour se représenter à quoi ressemblerait la fusion dystopique, dans un État panoptique, du commerce et de l'autoritarisme politique. Il suffit de regarder la République populaire de Chine. Il ne fait pas de doute que le totalitarisme chinois s'est considérablement sophistiqué depuis le stalinisme brut mis en place par son premier chef Mao Zedong. Même dans le pire des scénarios, il est difficile d'imaginer que nos États occidentaux puissent jamais devenir aussi impitoyables qu'un pays qui a décidé d'envoyer en camp de concentration un million de ses citoyens de l'ethnie musulmane des Ouïgours pour détruire leur identité culturelle[17]*.

Et pourtant, la Chine d'aujourd'hui prouve qu'il est possible d'avoir une société riche et moderne tout en restant un pays totalitaire. Les méthodes de contrôle de la population devenues courantes en Chine pourraient s'adapter chez nous sans tellement de difficulté. Ce n'est pas parce que l'idée de camps de concentration dans nos campagnes nous semble ridicule qu'il faut oublier avec quelle facilité les entreprises et les gouvernements pourraient adopter des mesures de surveillance accrue.

Au début des années 1980, lorsque Deng Xiaoping a ouvert la Chine au marché libre, les experts occidentaux prédisaient qu'un régime démocratique libéral ne tarderait pas à suivre. Pour eux, marché libre et liberté étaient inséparables. Il suffisait d'attendre, et l'on verrait le capitalisme libérer le démocrate qui sommeillait dans le cœur collectif de la Chine.

Quarante ans plus tard, la Chine a acquis une puissance et une richesse spectaculaires, transformant en une seule génération une immense population qui ne connaissait que la lutte et la pauvreté en une société de consommation exubérante et solide. Le Parti communiste chinois à qui l'on doit ce miracle maintient non seulement d'une main de fer son pouvoir politique, mais encore est en train de faire de cette nation qui compte 1,4 milliard d'âmes la société totalitaire la plus avancée que le monde ait connue.

L'usage que fait Pékin des données de consommation, des informations biométriques, des coordonnées GPS, de la reconnaissance faciale, de l'ADN et de toutes les autres données qu'il collecte transforme la Chine en une monstruosité encore jamais vue, même sous Mao ou Staline. L'État y emploie les techniques du capitalisme de surveillance pour administrer le système dit de « crédit social »,

17. « Chine : une enquête fait état de 380 centres de détention de Ouïgours au Xinjiang », *Le Monde*, 24 septembre 2020, https://www.lemonde.fr/international/article/2020/09/24/chine-une-enquete-fait-etat-de-380-centres-de-detention-de-ouigours-au-xinjiang_6053452_3210.html.

lequel détermine qui est autorisé à acheter, vendre et se déplacer en fonction du comportement en société.

> La Chine est sur le point de devenir quelque chose d'inouï jusque-là : un État techno-totalitaire alimenté par l'intelligence artificielle. L'objectif est de former un nouveau type non seulement d'État, mais d'être humain, qui aurait pleinement intériorisé les diktats de l'État et le caractère total de la surveillance et du contrôle qu'il exerce. Si l'intériorisation est cruciale, c'est parce qu'elle dispense les agents de l'État d'intervenir pour corriger le comportement du citoyen, celui-ci l'ayant à l'avance fait pour eux[18].

Pékin en effet est pionnier dans l'usage de l'intelligence artificielle (IA) et d'autres formes de collecte de données numériques pour créer un appareil d'État qui puisse surveiller constamment tous les citoyens, mais aussi les contraindre à se conduire selon son bon vouloir sans jamais avoir à déployer sa police secrète ou à brandir la menace du goulag (quoique celui-ci existe bel et bien pour les plus récalcitrants), et sans souffrir de la pauvreté généralisée qui était la conséquence inévitable du communisme à l'ancienne.

La grande majorité des Chinois paient biens et services à l'aide d'applications pour *smartphone* ou via la technologie de reconnaissance faciale. Ces modes de paiement offrent confort et sécurité et facilitent la vie de leurs utilisateurs ordinaires. Ils génèrent également une énorme quantité de données personnelles, toutes récupérées par le gouvernement.

La reconnaissance faciale complète utilement la surveillance exercée par les caméras omniprésentes dans les rues chinoises, qui enregistrent au quotidien les allées et venues des citoyens. La technologie dont Pékin dispose est si avancée qu'il est possible de

18. John Lanchester, « Document Number Nine », *London Review of Books*, 10 octobre 2019, lrb.co.uk/the-paper/v41/n19/john-lanchester/document-number-nine.

comparer en direct les scans faciaux avec la base de données de sécurité centrale. Si quelqu'un pénètre dans une zone qui lui est interdite, une église par exemple, ou même s'il marche simplement dans la direction opposée d'une foule, le système l'enregistre et alerte la police.

En théorie, celle-ci n'a pas à se rendre au domicile du suspect pour lui faire payer sa désobéissance. Le système de crédit social suit automatiquement les paroles et les actions de chaque Chinois, en ligne et hors ligne, et distribue récompenses et punitions selon le degré d'obéissance. Celui qui fait quelque chose de socialement positif – aider une personne âgée, écouter un discours de Xi Jinping – reçoit des points qui s'ajouteront à son crédit. Celui qui fait quelque chose de répréhensible – laisser son chien faire ses besoins sur le trottoir, se fendre d'un commentaire sarcastique sur les réseaux sociaux – verra son crédit baisser.

Parce que la vie numérique, y compris les transactions commerciales, est ainsi automatiquement surveillée, les Chinois avec le crédit social le plus élevé bénéficient de privilèges. La vie quotidienne est plus difficile pour ceux dont le score est inférieur. Ils ne sont pas autorisés à acheter des billets d'avion ou de train à grande vitesse. Les portes de certains restaurants leur sont fermées. Leurs enfants peuvent se voir refuser une place en université. Ils peuvent perdre leur travail ; en retrouver un sera une tâche ardue. Quant à ceux qui raillent carrément le système de crédit social, l'algorithme rétrogradant ceux qui leur sont liés, ils se retrouvent rapidement seuls.

Pour résumer, un citoyen chinois n'a aucun moyen d'accéder à la vie économique ou sociale de son pays s'il n'est pas dûment approuvé par Xi Jinping, le tout-puissant dirigeant du pays. Dans une société où la monnaie physique est sur le point de disparaître, l'État peut sans problème réduire instantanément les dissidents à la faillite en leur coupant tout accès à Internet. Et dans une société intégralement connectée, il peut faire de n'importe qui un paria en faisant peser la menace de l'isolement à ses proches et à sa famille.

L'État chinois utilise également des méthodes totalitaires pour s'assurer que les générations qui viennent seront dans l'incapacité d'imaginer une quelconque manière riposter.

Dans *Dictature 2.0 : Quand la Chine surveille son peuple (et demain le monde)*, publié en 2019, le journaliste Kai Strittmatter, qui a passé des années comme correspondant à Pékin pour un quotidien allemand, analyse la véritable techno-dystopie qu'est devenue la Chine. Un de ses amis peintres y désespère de l'avenir de son pays :

> Ceux qui sont nés dans les années 1980 sont perdus sans espoir de salut. Le lavage de cerveau commence dès la maternelle. C'était autre chose à notre époque. Nous, on nous a dit que nous étions une génération perdue parce que, à l'époque, on avait fermé les écoles et les universités et que beaucoup d'entre nous ont été privés de formation. Mais en réalité, c'était probablement nous, les chanceux. Nous avons franchi cette crevasse. Le lavage de cerveau ne nous a pas atteints, Mao était mort et tout le monde appelait à cor et à cri l'ouverture, la réforme, la liberté[19].

L'appareil de contrôle de l'information de l'État a détruit la capacité des jeunes Chinois à apprendre leur propre histoire d'une manière qui contredise la version du Parti communiste. Le massacre de la place Tiananmen en 1989, par exemple, a disparu des mémoires. Il est à peu près certain que nous n'aurons pas à souffrir de ce genre d'effacement en Occident.

Mais la condition de la jeunesse, dans la Chine consumériste, fait moins penser à Orwell qu'à Huxley. Comme le critique américain Neil Postman le disait, Orwell craignait un monde où les gens auraient interdiction de lire des livres ; Huxley, lui, craignait un monde dans lequel cette interdiction n'aurait pas lieu d'être parce qu'il n'y aurait de toute façon plus personne pour vouloir les lire. D'après un professeur interrogé par Strittmatter, David, c'est cela,

19. Kai Strittmatter, *Dictature 2.0 : Quand la Chine surveille son peuple (et demain le monde)*, trad. Olivier Mannoni, Paris, Tallandier, 2020.

la Chine d'aujourd'hui. Même si une grande quantité d'informations reste à la disposition de ses étudiants, ceux-ci s'en moquent.

> Mes élèves disent qu'ils n'ont pas le temps, témoigne-t-il. Leur attention est tellement captée par mille autres choses [...]. Et j'ai beau n'avoir que dix ans de plus qu'eux, ils ne me comprennent plus. Le contexte dans lequel ils vivent est totalement différent. La manipulation qu'exercent l'éducation et la propagande du Parti est parfaite : mes élèves consacrent leur vie à la consommation et ignorent tout le reste. Ils ignorent aussi la réalité, on leur mâche le travail[20].

Ainsi, une population dont le cerveau a été lavé par la propagande d'un État totalitaire et démoralisée par le consumérisme hédoniste n'aura aucun moyen d'imaginer comment s'opposer aux stratégies de contrôle et de coercition. Et même si certaines figures dissidentes émergent, le système d'information du gouvernement aura tôt fait de les identifier et de les « harmoniser » (le terme officiel qui signifie « neutraliser socialement et politiquement ») avant qu'elles n'aient le temps d'agir, voire *avant même qu'elles n'aient formulé l'idée d'entrer en dissidence.*

Le livre de Strittmatter, glaçant à bien des égards, montre comment les autorités chinoises appliquent aux données à leur disposition une technologie prédictive qui identifie pour elles les futurs dirigeants ou ennemis possibles de l'État, avant même que les personnes en question n'aient conscience de leur propre potentiel.

Devons-nous avoir peur ?

Bien sûr. La même chose peut nous arriver. L'Occident possède déjà la capacité technologique de mettre en œuvre un système de contrôle similaire, les seuls obstacles à sa mise en place étant la

20. *Ibid.*

résistance politique du peuple et celle de l'autorité judiciaire garantissant le respect des textes constitutionnels.

Notre culture étant beaucoup plus individualiste que la culture chinoise, il est presque certain que la résistance politique empêchera le totalitarisme dur à la chinoise de s'implanter ici. Mais il n'est pas inenvisageable que l'on se mette à utiliser la technologie de collecte de données, déjà acceptée par les consommateurs dans leur vie quotidienne, pour servir des idéaux de justice sociale.

Il suffit, pour que cela arrive, que les majorités démocratiques en viennent à croire à la nécessité du transfert du contrôle social aux élites institutionnelles publiques et privées pour garantir la vertu et la sécurité.

L'entreprise de paiements en ligne PayPal refuse de laisser les groupes suprématistes blancs utiliser ses services. Difficile d'y trouver à redire, encore que les tenants d'une liberté d'expression totale puissent y voir une atteinte grave au principe qu'ils défendent. Mais PayPal ne s'arrête pas là et cible également certains groupes conservateurs traditionnels. Et comme on l'a vu, certaines grandes banques, aux États-Unis, refusent désormais tout service aux fabricants et aux vendeurs d'armes à feu – alors même que le port en est protégé par le deuxième amendement. Notez bien que ces décisions ne viennent aucunement d'une injonction gouvernementale. Rien n'empêche les sociétés privées qui contrôlent l'accès aux ressources pécuniaires et aux marchés de discriminer les individus, les communautés et les organisations dont elles estiment que leur conduite sociale est répréhensible et de leur interdire toute participation à la vie économique. La Chine nous montre même comment procéder.

Les changements rapides qui affectent nos habitudes personnelles accélèrent ce risque. La protection de la vie privée et de l'anonymat en ligne fait de moins en moins partie de nos préoccupations ; or il s'agit du principal obstacle au contrôle exercé par l'État sur l'existence individuelle. Ceux qui ont expérimenté le communisme au quotidien s'en inquiètent.

À Bratislava, le photographe Timo Križka et sa femme Petra font partie de la première génération de la Slovaquie postcommuniste. Ils sont nés à l'époque de la révolution de Velours, qui a renversé le régime communiste, et de ce qu'on a appelé le « divorce de velours », c'est-à-dire la séparation pacifique de la Tchécoslovaquie en deux pays. Ni Timo ni Petra n'a de souvenir personnel de l'ère communiste, bien sûr, mais ils ont grandi entourés de parents et d'adultes encore pétris des habitudes contractées sous le régime totalitaire.

Lors d'un échange universitaire aux États-Unis en 2005, Petra elle-même amenait certaines de ces habitudes. C'était quelques années seulement après le 11-Septembre, alors que la culture sécuritaire se renforçait aux États-Unis.

« J'ai constaté, me raconte-t-elle, que les gens étaient prêts à sacrifier une grande partie de leurs libertés personnelles au nom de la sécurité nationale. On entendait beaucoup de phrases du genre : "Qu'ils écoutent mes appels téléphoniques, lisent mes *e-mails*, mes SMS, peu importe : je n'ai rien à cacher." C'était très étrange pour moi, car je considérais ces choses comme éminemment personnelles. Et peu importe que vos actions ou ce que vous dites ne représentent aucun danger pour la sécurité nationale : cela doit rester personnel. »

On imagine en effet comme il a dû être perturbant pour une adolescente issue d'une culture où, récemment encore, un seul mot mal choisi, une seule réunion indiscrète pouvaient détruire votre vie, de se retrouver dans un monde où chacun disait tout ce qui lui passait par la tête sans se soucier d'être entendu.

Une expérience libératrice ? Pas selon elle, qui connaissait tout le prix de la vie privée. Son point de vue met en évidence une dimension philosophique et psychologique du débat sur la signification de vivre dans la vérité entre les tenants du tout privé et ceux du tout public. Dans son roman le plus célèbre, *L'Insoutenable Légèreté de l'être*, Milan Kundera met en opposition l'attitude de Sabina, une femme tchèque, avec celle du Suisse Franz, son amant, qui s'opposent sur l'importance que revêt la vie privée dans la quête d'authenticité.

Pour Franz, qui n'a jamais connu que l'Ouest, vivre dans la vérité, c'est vivre en toute transparence, sans aucun secret. Mais pour Sabina, qui a grandi dans la Tchécoslovaquie communiste, cela n'est possible que dans un cadre privé.

> Dès lors qu'il y a un témoin à nos actes, nous nous adaptons bon gré mal gré aux yeux qui nous observent, et plus rien de ce que nous faisons n'est vrai, fait-il dire à Sabina. Avoir un public, penser à un public, c'est vivre dans le mensonge[21].

Les observations de Kundera, issues de sa propre expérience du communisme, sont plus pertinentes que jamais. Depuis une dizaine d'années, depuis l'invention du *smartphone* et des réseaux sociaux et la culture de la confession qu'ils ont créée, nous avons beaucoup appris sur la façon dont les gens – principalement les adolescents et les jeunes adultes – se créent des vies « instagrammables ». Autrement dit, ils disent et agissent, et vont jusqu'à partager publiquement les informations les plus intimes, de façon à élaborer l'image d'une vie que les autres, qu'ils les connaissent personnellement ou non, trouveront attrayante au point de la leur envier. Ils vivent pour l'approbation d'autrui, représentée par des « J'aime » sur Facebook ou toute autre manifestation virtuelle d'encouragement.

La psychologue Jean Twenge a étudié la recrudescence frappante de dépressions et de suicides parmi la première génération à avoir grandi avec les *smartphones* et les réseaux sociaux. Elle parle de l'arrivée de « la pire crise de santé mentale depuis des décennies »,

21. Milan Kundera, *op. cit*, p. 144-145.

et affirme qu'« une grande partie de cette détérioration peut être attribuée au téléphone[22] ».

Leur profond mal-être vient de l'isolement qu'ils ressentent en dépit de leur connexion, par les réseaux sociaux, à un nombre de personnes sans précédent. La culture du *smartphone* a largement aggravé l'anxiété sociale qu'ils éprouvent, l'information que leur envoie leur téléphone convainquant les plus sensibles, en particulier les filles, que la vie palpitante que semblent mener les autres leur est inaccessible.

Bien sûr, la plupart des jeunes de leur âge sont dans le même cas et leur vie n'est pas plus intéressante ou plus excitante, ils sont simplement plus doués dans l'exposition de leur vie en ligne. Les jeunes d'aujourd'hui vivent d'illusions, la plus grande étant celle de faire partie d'un véritable réseau social. Cette technologie et la culture qui en a émergé reproduisent en réalité l'atomisation et la solitude radicale que les gouvernements communistes totalitaires avaient l'habitude d'imposer à leurs peuples captifs pour les contrôler plus facilement.

S'étant habitués à ouvrir aux spécialistes du marketing les vannes de leur vie personnelle par le seul fait d'avoir une activité en ligne au quotidien, ces jeunes sont extrêmement vulnérables à la manipulation par des entreprises ou des organisations extérieures. Pour le dire plus crûment, nous sommes conditionnés à accepter une version occidentalisée du système de crédit social chinois, qui ne fera que renforcer les principes du culte politique de justice sociale. Si cela nous arrive, nous n'aurons plus nulle part où nous cacher. Ceux, chrétiens ou non, qui refuseront de s'y conformer n'auront d'autre choix que d'inventer une nouvelle manière de vivre dans la vérité.

Ce qui rend le témoignage de ceux qui ont vécu sous le totalitarisme dur d'autant plus crucial.

22. Jean Twenge, « Have Smartphones Destroyed a Generation? », *The Atlantic*, septembre 2017, theatlantic.com/magazine/archive/2017/09/has-the-smartphone-destroyed-a-generation/534198/.

S'abriter de la tempête qui vient

L'Occident moderne est une société pré-totalitaire décadente. L'atomisation sociale, la solitude omniprésente, la montée de l'idéologie, la perte de confiance généralisée dans les institutions, entre autres, le rendent vulnérable à la tentation totalitaire à laquelle la Russie et l'Allemagne ont succombé au siècle précédent.

En outre, les élites intellectuelles, culturelles, universitaires et corporatives sont sous l'emprise d'un culte politiquement classé à gauche construit autour d'une prétendue « justice sociale ». C'est une idéologie ouvertement illibérale qui a un nombre alarmant de points communs avec le bolchevisme, y compris la division de l'humanité entre le camp du bien et celui du mal. Cette pseudo-religion, qui semble répondre à un besoin de sens et de morale dans notre société post-chrétienne, cherche à rétablir la justice en diabolisant, excluant et même persécutant tous ceux qui résistent à ses dogmes implacables.

Enfin, l'adoption et la promotion par les grandes entreprises de valeurs sociales progressistes et l'émergence du « capitalisme de surveillance » – l'extraction des données individuelles collectées par des appareils électroniques et dictée par l'impératif commercial – préparent l'Occident à accepter une forme locale du système de crédit social à la chinoise. Nous sommes conditionnés à abandonner notre vie privée et nos libertés politiques en échange du confort, de la commodité et d'une harmonie sociale qui nous est artificiellement imposée.

C'est le meilleur des mondes façon XXIe siècle. Les dissidents chrétiens ne pourront organiser la résistance que si leurs yeux se dessillent et voient enfin la véritable nature et les méthodes de l'idéologie de justice sociale, et la manière dont la collecte et la manipulation des données peuvent être utilisées par les capitalistes *woke* et les sectateurs de la justice sociale, avec toute la force des institutions, pour contrôler la population.

Voilà ce qui nous attend, ce qui est déjà là. Comment y résister ? C'est ce que nous allons aborder dans la seconde partie de ce livre.

Seconde partie

Vivre dans la vérité

Chapitre 5

Rien n'a plus de valeur que la vérité

Soljénitsyne n'était pas le seul dissident à avoir compris que le cœur de la résistance au totalitarisme consistait à « vivre sans mentir ». L'injonction la plus célèbre que fit le dramaturge Václav Havel – qui deviendrait président de la République tchèque après la chute du communisme – aux dissidents était de « vivre dans la vérité ». Dans son article politique le plus important, secrètement diffusé par le *samizdat*, Havel parlait du « pouvoir des sans pouvoir ».

Il savait qu'il s'adressait à une nation dépourvue de tout moyen de se soulever contre la puissance de son État. Mais il savait aussi, ce que la plupart ignoraient, qu'elle n'était pas pour autant sans pouvoir.

Considérez, disait-il, le cas d'un marchand de légumes qui affiche en vitrine une banderole portant le fameux slogan du *Manifeste* : « Prolétaires de tous pays, unissez-vous ! » Il n'y croit pas. Il ne l'accroche dans sa boutique que pour donner un gage de conformité. Il veut avant tout qu'on le laisse tranquille. Mais son acte n'est pas insignifiant : non seulement il confirme que c'est ce que l'on attend des citoyens dans une société communiste, mais encore il perpétue la conviction que c'est bien cela, être un bon citoyen.

Havel poursuit :

> Imaginons maintenant qu'un jour, quelque chose se révolte chez notre marchand de légumes et qu'il s'arrête d'accrocher ses banderoles pour faire impression à ses supérieurs ; qu'il cesse de participer aux élections dont il sait que ce ne sont pas des élections ; qu'aux réunions, il commence à dire ce qu'il pense vraiment et que même, il découvre en lui la force de se solidariser avec ceux dont sa conscience lui commande d'être solidaire. Par cette révolte, le marchand de légumes sort de la « vie dans le mensonge » ; il refuse le rituel et viole les règles du jeu ; il retrouve son identité et sa dignité réprimées ; il accomplit sa liberté. Sa révolte sera une tentative de « vie dans la vérité[1] ».

Il lui en coûte : il perd sa boutique, son revenu, et il lui est défendu de voyager. Peut-être ses enfants ne pourront-ils pas entrer à l'université. On le persécute, lui et ses proches – non parce qu'on s'oppose à sa prise de position, mais parce que l'on est convaincu que c'est ce qu'il faut faire pour s'éviter tout ennui avec les autorités.

Il souffre, ce pauvre marchand qui rend témoignage à la vérité en refusant de prononcer un mensonge. Mais son geste a une portée bien plus grande. En brisant les règles du jeu, il l'a ébranlé, il a révélé qu'il ne s'agissait que d'un jeu, déchiré le voile des apparences qui soutenait tout le système, porté un coup sévère à la structure tout entière en lui arrachant ce qui lui donnait sa cohérence. Il en a montré les fondations. En un mot : il a dit que l'empereur était nu, ce qui est bien le cas. Le marchand de légumes a adressé un message au monde et lui a permis de jeter un œil derrière les voilages. Il a montré à tous qu'il était possible de vivre dans la vérité. Le système ne peut perdurer que si tout le monde vit dans le mensonge, que si ce mensonge embrasse tout. Ceux qui choisissent la vérité nient jusqu'au principe même du système et le menacent dans son ensemble.

1. Václav Havel, *Essais politiques*, Paris, Calmann-Lévy, 1989, p. 86.

Un mystique orthodoxe russe du XIXe siècle, saint Séraphin de Sarov, a dit un jour : « Acquiers l'Esprit Saint et des milliers trouveront le salut autour de toi. » De même, le choix du marchand de légumes constitue un petit acte de rébellion qui peut agir comme l'étincelle qui allumera la révolution.

Celui qui ne vit que pour son confort et sa propre survie, celui qui est prêt à vivre dans un mensonge pour sa sauvegarde, Havel le qualifie de « démoralisé ».

D'après lui, le système repose précisément sur cette démoralisation, il la cultive, car il est la projection de celle-ci dans la société. Vivre dans la vérité, se révolter contre le système, signifie s'évertuer à reprendre le contrôle sur son propre sens des responsabilités.

Václav Havel a publié son essai en 1978. Un an plus tard, le gouvernement communiste emprisonnait l'écrivain devenu gênant. Dix ans plus tard, Havel mena une révolution qui renversa pacifiquement le régime en place, et devint le premier président d'une Tchécoslovaquie libre.

Avec le temps, un simple écrivain disposé à souffrir pour la vérité a repris le pouvoir à des fanatiques totalitaires qui avaient construit tout un État au service du mensonge. L'heureux sort de Havel nous fait voir la vérité contenue dans un vieux proverbe russe qu'affectionnait Soljénitsyne : « Une parole de vérité pèse plus que le monde entier. »

À nous, aujourd'hui, de relever ce défi, de vivre sans mentir et de dire la vérité qui vainc le mal. Comment s'y prendre, dans une société fondée sur le mensonge ? En acceptant de vivre en dehors du courant dominant, en défendant courageusement la vérité, et se préparant à en subir les conséquences. Il n'y a là rien d'aisé, mais nous avons la chance d'avoir été précédés par des saints dont nous pouvons suivre l'exemple.

S'extraire de la foule

Le père Kirill Kaleda et moi sommes attablés dans la confortable bâtisse de bois dont il a fait son bureau. En cette fin d'automne, la neige est tombée sur le champ de tir de Butovo, dans les forêts du sud de Moscou où, pendant quatorze mois entre 1937 et 1938, des agents du NKVD (la police secrète russe) ont exécuté quelque 21 000 prisonniers politiques – parmi eux, un millier de prêtres et d'évêques. Grâce à l'intervention du père Kirill, le lieu est devenu un monument aux morts. Ce jour-là, j'ai pu y voir des Russes assemblés dans le froid pour lire solennellement à voix haute le nom de chaque compatriote assassiné, pour cultiver le souvenir et entretenir la mémoire des horreurs du totalitarisme.

« Comment un honnête homme vit-il sous le totalitarisme? demandé-je au prêtre, un homme aux larges épaules doté d'une barbe brune et d'yeux perçants.

— Difficilement, me répond-il en riant. Bien sûr, ce n'est pas simple, mais grâce à Dieu, certains ont fait ce qu'il fallait pour se construire une vie qui leur permette de demeurer dans la vérité. Ils avaient compris que, si la vérité était une priorité, alors il leur faudrait renoncer à beaucoup de choses – à leur carrière, par exemple. Mais ils ont fait ce choix et résolu de le vivre jusqu'au bout. »

Le père Kirill a grandi dans une famille chrétienne orthodoxe de six enfants, dont aucun n'a rejoint l'Union des jeunesses léninistes communistes, le Komsomol.

« Adolescent, je voulais étudier l'histoire, me raconte-t-il. Mon père m'a fait comprendre que, dans le monde soviétique, travailler dans le domaine de l'histoire sans s'impliquer dans l'idéologie soviétique était impossible. Je me suis donc rabattu sur la géologie. De nombreuses familles antibolcheviques ont envoyé leurs enfants étudier les sciences naturelles pour éviter autant que possible qu'ils ne soient contaminés par l'idéologie. »

Refuser de rejoindre le Komsomol, c'était se voir défendre tout voyage à l'étranger. Un jour, alors qu'il était étudiant, on offrit au père Kirill de participer à un passionnant voyage en bateau depuis Vladivostok, sur la côte orientale de l'URSS, jusqu'en Australie puis à Singapour, puis le long du canal de Suez pour revenir à travers la mer Noire. La possibilité de réaliser un véritable rêve, mais il fallait pour cela être membre du Komsomol. Plutôt que de violer sa conscience, Kirill refusa et donna sa place à un ami qui remplissait les conditions, et que cette traversée changea définitivement.

« À ce jour, il voyage toujours beaucoup à travers les mers et les océans », se souvient le prêtre. Lui, de son côté, s'occupe de son jardin mémoriel, et s'occupe de la paroisse que l'on a construite à proximité pour honorer les martyrs du joug soviétique.

Deux jours après cette rencontre, j'ai pris un café dans le centre de Moscou avec Yuri Sipko, pasteur baptiste à la retraite. Dans l'école de son village sibérien, dans les années 1950, Sipko et ses camarades étaient invités à porter un badge avec un portrait de Lénine. À onze ans, les enfants recevaient le foulard rouge des Pionniers, une organisation inspirée du scoutisme. Leurs professeurs leur apprenaient la devise des pionniers : « Sois prêt, toujours prêt ! »

« Moi-même, je ne portais ni le badge de Lénine, ni l'écharpe rouge. J'étais baptiste : jamais je ne l'aurais fait, se rappelle Sipko. Dans ma classe, j'étais le seul. Mes professeurs ont eu des ennuis. S'il y en avait un parmi leurs élèves qui ne participait pas au mouvement des Pionniers, c'est qu'ils ne devaient pas faire les choses correctement. Le proviseur lui-même fut inquiété. Ils durent me faire pression à leur tour pour leur propre sauvegarde. »

Être baptiste en Russie soviétique, signifiait être relégué au ban de la société. Beaucoup choisirent d'endurer ces difficultés parce qu'ils avaient la conviction que la vérité était incarnée en Jésus Christ et que vivre loin de lui signifierait vivre un mensonge. Pour les baptistes, se compromettre avec des mensonges dans l'espoir de connaître une vie paisible revenait à s'agenouiller devant la mort.

« Quand je me remémore le passé et la façon dont nos frères ont été envoyés en prison pour ne jamais en revenir, je sais qu'ils avaient cette certitude chevillée au corps, me dit le vieux pasteur. Ils n'avaient plus aucun statut. Socialement, ils étaient moqués et ridiculisés. Parfois, ils ont perdu jusqu'à leurs propres enfants. Parce qu'ils étaient baptistes, l'État n'hésitait pas à les enlever pour les placer dans des orphelinats. Trouver du travail était presque impossible, comme obtenir une place à l'université. Mais ils n'ont pas cessé de croire. »

Dans leur solitude, ils ont pourtant tenu bon. Si vous avez été élevé dans une foi qui prend au sérieux les paroles de l'apôtre Paul selon lesquelles souffrir pour le Christ est un avantage, si vous êtes prêts comme l'étaient les Kaleda à renoncer à certaines formes de succès mondain, il devient plus facile de défendre la vérité.

Rejeter la doublepensée, lutter pour la liberté d'expression

Vladimir Grygorenko et sa femme Olga Rusanova ont quitté l'Ukraine pour les États-Unis en 2000. Ils vivent maintenant au Texas. Ils m'ont expliqué que si, comme eux, on a grandi dans une culture du mensonge, on ignore à quel point la vie pourrait être différente.

« La doublepensée était ancrée dans notre culture, raconte Vladimir. C'était la vie normale.

— Au collège et au lycée, nous avions des dissertations à écrire comme tous les écoliers normaux, renchérit Olga. Mais on ne pouvait jamais dire ce que l'on pensait vraiment du sujet en question. Jamais, jamais. Ce n'est pas que les problématiques manquaient d'intérêt, mais on devait toujours trouver un moyen de les rattacher au point de vue communiste. »

D'après Vladimir, lorsqu'un peuple a accoutumé de vivre dans le mensonge, de fuir les écrivains tabous et de se conformer à l'histoire officielle, sa façon de penser s'en trouve altérée, et il devient difficile de la rétablir. Il est inquiet de voir que, selon de récents sondages, le soutien des Américains au premier amendement – lequel garantit le droit constitutionnel à la liberté d'expression – diminue, en particulier chez les jeunes, qui tolèrent de moins en moins les opinions dissidentes. Pour Grygorenko, c'est le signe que notre société préfère la fausse paix du conformisme aux tensions de la liberté. Un peuple libre qui devient indifférent voire hostile à la liberté d'expression est un peuple suicidaire.

« Notre mission, c'est de protéger la liberté d'expression, déclare Grygorenko, fier de sa nationalité américaine obtenue en 2019. Le premier amendement est important. Pour nous, la constitution soviétique n'avait aucune valeur. Tout le monde savait que ce n'étaient que des mots sans aucun rapport avec la vraie vie. Dans l'ancien bloc de l'Ouest, les constitutions ont du sens. Le pouvoir judiciaire y est théoriquement indépendant. Nous devons le protéger. Inutile d'inventer de nouvelles choses : il faut simplement avoir le courage de protéger ce qui existe déjà. »

Défendre le droit de parler et d'écrire librement, quoi qu'il en coûte, est le devoir de tout homme libre. C'est ce que disait Mária Wittner, héroïne du soulèvement hongrois de 1956 contre l'occupation soviétique. Un tribunal communiste l'avait condamnée à mort alors qu'elle n'avait que vingt ans (la peine fut commuée en emprisonnement à perpétuité).

« Une fois, j'ai dit à l'un des gardiens de la prison : "Vous mentez." Rien que pour cela, j'ai eu droit à un nouveau procès, se souvient la fougueuse Wittner. Le procureur m'a demandé : "Wittner, pourquoi avez-vous accusé le garde d'être un menteur ? Pourquoi ne lui avez-vous pas simplement dit qu'il ne disait pas la vérité ?" J'ai répondu : "Il faut appeler un chat un chat." »

Pour son insolence, Wittner a été renvoyée en prison avec une peine alourdie : elle devait dormir sur un lit en bois sans matelas et ses rations étaient réduites. Quand sa peine a été de nouveau commuée et qu'elle a finalement été libérée, Wittner pesait à peine quarante-cinq kilos. Mais elle le martèle : avoir le corps brisé n'est pas trop cher payer pour garder l'esprit fort et droit.

« Nous vivons dans un monde de mensonges, que nous le voulions ou non. C'est la réalité. Mais vous ne devez pas vous en satisfaire, m'a-t-elle dit alors que je la visitais dans la banlieue de Budapest. Même entouré de mensonges, vous n'avez pas le choix : ne vous y conformez pas ! Nous avons tous un choix à faire. Vivre dans la peur ou vivre avec l'âme libre. Si votre âme est libre, vos pensées le seront, et alors vos paroles le seront aussi. »

Sous le totalitarisme dur, les dissidents comme Wittner ont payé le prix fort pour leur liberté, mais les termes du marché étaient sans équivoque. Sous le *soft* totalitarisme, il est bien plus difficile de percevoir ce que coûte la compromission. Pourtant, comme le dit Mária Wittner, on n'échappera pas à la nécessité de faire des choix. S'il nous faut vivre dans un monde de mensonges, au moins pouvons-nous choisir de ne pas laisser ce monde vivre en nous.

Dire la vérité, mais avec prudence

S'il est impératif de lutter contre l'assimilation au mensonge, lutter contre le mensonge ne signifie pas refuser tout compromis. La vie ordinaire, dans toute société, exige que l'on évalue quels combats valent la peine d'être menés dans un contexte donné. Si l'on doit se garder de tomber dans une excessive rationalisation, il est bon de rappeler que prudence n'est pas lâcheté.

Un jeune scout hongrois, le père du professeur Tamás Sályi que j'ai rencontré, fut arrêté en 1946 par l'Armée rouge, qui occupait alors la Hongrie, pour ses liens supposés avec une imprimerie d'où étaient sortis des pamphlets antisoviétiques. Tous ceux qui étaient soupçonnés d'avoir participé à l'impression eurent à en souffrir – mort, exil, ou, dans le cas du père de Sályi, internement sans inculpation dans un camp de prisonniers.

En 1963, alors que Tamás n'avait que sept ans, il rentra un jour de l'école et raconta à son père comment l'Armée soviétique avait libéré le pays.

« Il m'a dit : "Assieds-toi, mon garçon", se souvient Tamás, puis il m'a raconté le soulèvement de 56 et l'invasion soviétique. Il m'a dit la vérité et quand il a fini, il m'a interdit d'en dire quoi que ce soit à l'école. »

Les yeux fixés sur le sol de son salon, à Budapest, il poursuit : « Bien des problèmes que nous avons aujourd'hui viennent de ce que les pères n'ont jamais parlé à leur fils comme le mien l'a fait en 1963. »

Le professeur me fait valoir que les parents avaient tellement peur que leurs enfants soient punis pour avoir dit la vérité par inadvertance qu'ils ont choisi de leur taire la vérité sur l'histoire et le régime de leur pays. Son père savait d'expérience à quel point les communistes étaient dangereux, mais il avait la conviction que son fils méritait de connaître la vérité – et qu'il devrait apprendre à juger quand l'exprimer.

La femme de Tamás, Judit Pastor, professeur de littérature dans une université catholique, a également vu son père souffrir de la persécution – son sort à lui a été beaucoup plus cruel. Journaliste militaire, il a été renvoyé pour avoir refusé de prêter serment de fidélité au gouvernement installé par les Soviétiques après l'invasion de 1956.

En 1968, indigné par la persécution exercée sur l'ethnie hongroise par le gouvernement communiste de la Roumanie voisine, le père de Judit a déchiré et piétiné une affiche du dictateur Nicolae Ceauşescu sur le stand roumain d'un salon à Budapest. Son geste lui a valu dix-huit mois de prison.

Il en est sorti brisé.

« La méthode soviétique consistait souvent à qualifier les prisonniers politiques de malades mentaux et à leur administrer un traitement pour cela, m'a raconté Judit. Mon père a subi cinquante électrochocs. Il en a fait une crise cardiaque qui n'a jamais été traitée. Ce n'était pas un cas isolé. »

À sa libération, le père de Judit n'était plus que l'ombre de lui-même. Diagnostiqué schizophrène, il a eu droit à une pension pour raisons médicales et s'est retrouvé réduit à vivre en marge de la société. Sa mère a fini par demander le divorce. La famille n'en parla pas. Elle n'en parla jamais.

Cette loi du silence, l'impossibilité de parler de ce qu'avait subi son père, fut un terrible fardeau pour Judit.

Aujourd'hui, elle n'hésite plus à évoquer ouvertement, en particulier devant ses élèves, les souffrances causées par le communisme à son père. Elle fait tout pour que son nom et son honneur soient lavés. C'est aussi cela, dire la vérité.

« J'ai dû batailler sans relâche pour que les gens reconnaissent ce qui était arrivé à mon père. Ils ne veulent pas écouter, ils ne veulent rien savoir. Que vous viviez sous un régime oppressif ou non, le combat pour la vérité est constant. »

Pastor est fière que l'un de ses fils ait repris le flambeau de la cause qui coûta la vie à son grand-père : la lutte pour l'amélioration du sort de la communauté ethnique hongroise. Mais cette femme qui a vu sa famille détruite par la décision téméraire et courageuse de son père de prendre fait et cause pour la vérité estime qu'il ne faut pas négliger l'opposition passive.

« Parfois, le silence est un acte de résistance. Défendre la vérité peut se faire autrement qu'en la criant à tue-tête : garder le silence quand on attend de vous que vous parliez, c'est aussi dire la vérité. »

Voir. Juger. Agir

La dictature opprimant la pensée et la parole actuellement mise en place par les progressistes est un régime fondé sur le mensonge et la propagande.

La plupart des conservateurs le reconnaissent dans une certaine mesure, mais ils sont trop peu à percevoir les conséquences plus profondes de l'acceptation de ces mensonges. Le « politiquement correct » est un frein; ces mensonges corrompent la capacité de penser clairement la réalité.

Une fois que vous avez compris que le système fonctionne sur des mensonges, tenez-vous aussi fermement que possible à ce que vous savez être vrai lorsque vous faites face aux mensonges. Refusez de laisser vos enfants à la merci de la propagande médiatique et institutionnelle. Apprenez-leur à reconnaître les mensonges et à les refuser. Faites de votre mieux pour ne jamais participer au mensonge – que les raisons soient professionnelles, sociales ou autres. Parfois, il vous faudra agir ouvertement pour affronter directement le mensonge. D'autres fois, vous le combattrez en gardant le silence et en refusant d'approuver lorsque les autorités le requièrent. Vous devrez peut-être élever la voix pour défendre quelqu'un que calomnient les propagandistes.

Chacun selon sa situation jugera quand et comment affronter le mensonge, bien sûr. Comme le dit le père Kaleda, la foi n'exige pas que l'on cherche activement des occasions de martyre. Pour la plupart d'entre nous, les circonstances et les responsabilités envers nos familles nous empêcheront d'être de parfaits émules de Soljénitsyne. Ce qui ne fait pas nécessairement de nous des lâches.

Mais prenez garde que la prudence de vos raisonnements ne se transforme en rationalisation. C'est la base du *ketmân* – et se laisser aller à ce genre de réflexe de protection finit par vous détruire l'âme. Votre consentement aux mensonges du système vous obtiendra peut-être la sécurité, mais à quel prix ? Si vous n'êtes pas en mesure d'imaginer *une seule* situation qui vous pousserait à agir comme le marchand de légumes fictif de Havel et à vivre dans la vérité en dépit des conséquences, alors la lâcheté a peut-être sur votre conscience une emprise plus ferme que vous ne croyez.

Les valeurs d'une société se reflètent dans ce qu'elle choisit de raconter sur elle-même et dans les personnes qu'elle souhaite honorer. Le mythe du marchand de légumes de Havel nous donne une leçon sur la cruciale importance de rendre témoignage à la vérité ; les histoires vraies de héros nationaux comme Mária Wittner et de résistants moins connus comme le pasteur Yuri Sipko ou le père Kirill Kaleda nous disent la même chose. Il nous faut de tels récits, fictionnels ou réels, pour nous guider et guider les générations à naître. Les totalitaires de tout crin le savent, et c'est pour cette raison qu'ils déploient tant d'efforts pour garder le contrôle sur l'histoire officielle.

Chapitre 6

Cultiver la mémoire culturelle

Celui qui a le contrôle du passé a le contrôle du futur. Celui qui a le contrôle du présent a le contrôle du passé.

Slogan du Parti, *1984*

Récemment, une jeune Californienne de vingt-six ans aux yeux brillants d'enthousiasme me disait qu'elle se considérait comme communiste. « C'est tellement beau, ce rêve d'égalité pour tout le monde », s'épanchait-elle. Quand elle m'a demandé ce sur quoi je travaillais, je lui ai parlé du combat d'Alexandre Ogorodnikov, un dissident chrétien emprisonné et torturé par les Soviétiques, que je venais de rencontrer à Moscou. Elle se tut.

« Avez-vous entendu parler du goulag ? » lui ai-je demandé ingénument.

La réponse était non, évidemment. Personne ne lui en avait jamais rien dit. Nous, la génération de ses parents, de ses grands-parents, sommes responsables, qui avons abandonné la sienne. Et si elle n'entretient aucune curiosité pour le passé, elle ne s'en sortira pas.

Son cas n'est pas isolé. Chaque année, la Victims of Communism Memorial Foundation [Fondation pour la mémoire des victimes du communisme], un organisme à but non lucratif créé par le Congrès américain, mène une enquête auprès des Américains pour déterminer leur attitude vis-à-vis du communisme, du socialisme et du marxisme en général. En 2019, l'enquête a révélé qu'un nombre surprenant d'Américains des générations de l'après-guerre froide avaient une vision plutôt favorable du radicalisme de gauche, et que seuls 57 % des milléniaux estimaient que la Déclaration d'indépendance des États-Unis offrait une meilleure garantie « de liberté et d'égalité » que le *Manifeste du parti communiste*[1]. En décembre 2020, le journal *L'Humanité* a publié une étude d'après laquelle le communisme serait perçu positivement par 42 % des 18-20 ans et par 50 % des lycéens[2]*. La religion politique qui a tué des dizaines de millions de personnes, emprisonné et torturé d'innombrables autres, et, en son temps, ruiné la vie de la moitié de l'humanité, et dont la défaite a nécessité qu'une alliance dépassant les frontières et les océans, les partis politiques et les générations lutte durement pendant des années, cette hideuse idéologie est aujourd'hui romantisée par des jeunes qui n'en connaissent rien.

En 2017, dans le journal *The Harvard Crimson*, une étudiante, Laura Nicolae, dont les parents ont enduré les horreurs du communisme roumain, a publié une tribune contre la falsification de l'histoire dans l'enseignement dispensé aux élèves de l'Ivy League, et dans le marxisme qui fait aujourd'hui partie intégrante de la culture et de la mode estudiantines.

> Le communisme est dépeint sur le campus comme une idéologie révolutionnaire ou idéaliste, sans qu'il soit jamais fait mention de sa violence coercitive, écrit-elle. Au lieu d'approfondir notre compréhension du monde, l'université évoque l'une des idéologies les plus destructrices de l'histoire

1. Victims of Communism Memorial Foundation, Annual Report on *US Attitudes toward Socialism, Communism, and Collectivism*, Washington, 2019, victimsofcommunism.org/2019-annual-poll.
2. Julia Hamlaoui, « Sondage exclusif. Communisme : ce qu'en pensent les jeunes », *L'Humanité*, 30 décembre 2020, https://www.humanite.fr/sondage-exclusif-communisme-ce-quen-pensent-les-jeunes-698128.

> de l'humanité sous la forme d'un récit unidimensionnel et aseptisé[3].

Oublier les atrocités du communisme est grave. Ce qui l'est plus encore, c'est l'habitude d'oublier son propre passé. Le romancier tchèque Milan Kundera observait en grinçant que, si personne aujourd'hui ne défendait les goulags, le monde resterait plein d'utopistes à la tête remplie des fausses promesses d'où naissent les goulags.

« Ignorer ce qui s'est passé avant notre naissance, c'est rester enfant à jamais », disait Cicéron. Voilà, explique Kundera, pourquoi les communistes ont déployé tant d'efforts pour conquérir l'esprit et le cœur des jeunes. Dans son *Livre du rire et de l'oubli*, Kundera se rappelle un discours que le président tchèque Gustáv Husák avait prononcé devant un groupe de jeunes pionniers, les exhortant à continuer d'avancer vers le paradis marxiste de paix, de justice et d'égalité.

> [Husak] s'écriait « Mes enfants, ne regardez jamais en arrière », et cela signifiait que nous ne devons jamais tolérer que l'avenir ploie sous le poids de la mémoire[4].

Une perte collective de la mémoire historique en Occident – non seulement de la mémoire du communisme mais plus généralement de celle de notre passé – ne peut avoir qu'un effet dévastateur sur notre avenir. Non qu'oublier les maux du communisme signifie que nous serions en danger de recréer précisément cette forme de totalitarisme, mais l'acte d'oublier en lui-même nous rend vulnérables au totalitarisme en général.

---

3. Laura M. Nicolae, « 100 Years. 100 Million Lives. Think Twice », *Harvard Crimson*, 20 novembre 2017, thecrimson.com/article/2017/11/20/nicolae-one-hundred-million/.
4. Milan Kundera, *Le Livre du rire et de l'oubli*, *op. cit.*, p. 301.

Autrement dit, nous ne devons pas nous contenter de nous souvenir du totalitarisme pour pouvoir lui opposer une résistance : nous devons nous rappeler comment nous souvenir.

L'importance de la mémoire

Tout, dans nos sociétés modernes, est conçu pour rendre la mémoire – historique, sociale et culturelle – difficile à cultiver. Il est important que les chrétiens le comprennent s'ils veulent pouvoir résister au *soft* totalitarisme et transmettre la foi aux générations futures.

Dans son ouvrage *How Societies Remember* [*Comment les sociétés se souviennent*], publié en 1989, le regretté anthropologue britannique Paul Connerton expliquait qu'il existe différents types de mémoire. La mémoire historique est un souvenir objectif des événements passés. La mémoire sociale est ce qu'un peuple choisit collectivement de se rappeler, c'est-à-dire les événements passés qu'il estime avoir une importance particulière. La mémoire culturelle se compose des histoires, des événements, des personnes et des phénomènes dont une société choisit de cultiver le souvenir car ils sont les éléments constitutifs de son identité collective. Les dieux d'une nation, ses héros, ses vilains, ses monuments, son art, sa musique, ses fêtes, tout cela fait partie de sa mémoire culturelle.

Connerton explique que « tout participant à un ordre social doit présupposer une mémoire partagée[5] ». La mémoire du passé conditionne sa manière de vivre le présent, c'est-à-dire sa manière d'en saisir le sens et de le comprendre, et ce qu'il y fera.

Aucune culture ni aucun individu ne peut se souvenir de tout. La mémoire d'une culture est le résultat du tamisage collectif des faits d'où ressort l'histoire, histoire que la société se raconte pour

5. Paul Connerton, *How Societies Remember*, Cambridge, Cambridge University Press, 1989, p. 3.

se rappeler qui elle est. Sans mémoire collective, pas de culture, et sans culture, pas d'identité.

Plus la nature d'un régime est totalitaire, plus il essaiera de forcer les gens à oublier leur mémoire culturelle. Dans *1984*, le travail de Winston Smith au ministère de la Vérité consiste à effacer des journaux toute référence à des événements passés, afin de coller aux priorités politiques actuelles du Parti. Voilà, d'après le philosophe et historien polonais Leszek Kołakowski, lui-même ancien communiste, « la grande ambition du totalitarisme – la possession et le contrôle absolus de la mémoire humaine ».

> Regardons ce qui arrive quand cet idéal est effectivement atteint, nous dit Kołakowski. Les gens ne se rappellent que ce qu'on leur a appris à se rappeler aujourd'hui, et le contenu de leur mémoire peut, au besoin, changer en l'espace d'une nuit[6].

L'histoire du totalitarisme communiste nous a appris que cette réalisation était possible dès lors qu'un État possédait le monopole de l'information, y compris le contrôle idéologique de l'éducation et des *media*. L'expérience de Laura Nicolae à Harvard, où est formée une partie de l'élite américaine et mondiale, nous montre qu'une telle situation peut fort bien exister dans un pays libre, si l'on contrôle l'instruction de ceux qui se destinent à prendre les plus hautes fonctions en leur enseignant ce qu'ils doivent se rappeler et ce qui au contraire ne compte pas.

Les conservateurs occidentaux le savent depuis longtemps : les idéologues au pouvoir, dans les salles de classe comme dans les salles de rédaction, manipulent la mémoire collective pour s'assurer une emprise sur l'avenir. Ce que les modernes ont beaucoup moins à l'esprit, comme l'écrit Connerton, c'est la façon dont le mode de vie libéral, démocratique et capitaliste produit involontairement la même situation.

---

6. Leszek Kołakowski, *Is God Happy? Selected Essays*, New York, Penguin Classics, 2012, p. 60.

Par essence, la modernité nie l'existence d'histoires, de structures, d'habitudes ou de croyances transcendantes auxquelles les individus doivent se soumettre et qui déterminent leur conduite. Être moderne, c'est être libre de choisir. Le *résultat* du choix n'a aucune importance : seul compte le choix lui-même. Il n'y a pas d'ordre sacré, pas d'au-delà, pas de vertus fixées ni de vérités permanentes. Il n'y a que le *hic et nunc* et la flamme éternelle du désir humain. *Volo ergo sum* : je veux, donc je suis.

La mémoire culturelle sert à légitimer l'ordre social actuel, dit Connerton. C'est pourquoi les membres des « groupes subordonnés », c'est-à-dire les minorités sociales, ont autant de mal à conserver leur mémoire culturelle. Entretenir la mémoire et la faire vivre, c'est lutter contre l'ordre dominant.

La vision idéologique particulière du communisme l'obligeait à détruire les traditions, y compris celle du christianisme. Rien ne pouvait plus exister en dehors de l'ordre communiste. De même, dans le capitalisme contemporain, la mémoire culturelle est subordonnée à la logique du libre marché, dont les mécanismes répondent à la libération du désir individuel. Nous autres, chrétiens d'aujourd'hui, avons toutes les peines du monde à transmettre la foi aux jeunes, en grande partie parce que nous nous sommes tous habitués à un mode de vie dans lequel il n'y avait que très peu (voire pas) de croyances et de coutumes partagées qui transcendent l'individualisme. C'est ce que voulait dire le cardinal Joseph Ratzinger, à la veille de son élection comme pape Benoît XVI, lorsqu'il condamnait la « dictature du relativisme[7] ».

Connerton prévient ceux qui veulent garder vivante la mémoire culturelle qu'il ne suffit pas de transmettre des informations historiques aux jeunes générations. Les vérités portées par la tradition doivent être vécues subjectivement. Autrement dit, elles doivent non seulement être étudiées, mais encore incarnées dans des pratiques sociales communes – en paroles, bien entendu, mais

7. Cardinal Joseph Ratzinger, *homélie de la Missa pro eligendo romano pontifice*, 18 avril 2005. http://www.vatican.va/gpII/documents/homily-pro-eligendo-pontifice_20050418_fr.html.

plus important encore, en actes. Les communautés doivent avoir des « modèles vivants[8] » d'hommes et de femmes qui mettent en pratique ces vérités dans leur vie quotidienne. Il n'y a pas le choix.

Tamás Sályi, notre professeur budapestois, m'a expliqué que, si les Hongrois ont bien survécu à l'occupation allemande et au régime fantoche des communistes, trente ans de liberté ont plus fait pour détruire leur mémoire culturelle que les difficultés qu'ils ont endurées auparavant. « Ce que ni le nazisme ni le communisme n'ont réussi à faire, le capitalisme libéral victorieux l'a fait », se dit-il.

À l'en croire, l'idée que le passé et ses traditions, y compris la religion, constituent un fardeau intolérable pour la liberté individuelle a agi comme un poison en Hongrie. Des progressistes contemporains, Sályi me dit : « Je pense qu'ils croient sincèrement que s'ils effacent tous les souvenirs du passé et transforment tous les hommes en nouveau-nés, ils pourront alors écrire ce qu'ils veulent sur ces pages vierges. Quand on y réfléchit, il n'est pas si facile de manipuler des gens qui savent qui ils sont, des gens enracinés dans la tradition. »

C'est bien vrai. C'est ce qui faisait dire à Hannah Arendt que le sujet typique du régime totalitaire était un être humain « complètement isolé ». Un homme coupé de l'histoire est pour ainsi dire impuissant face au pouvoir.

Le communisme utilisait massivement la violence étatique pour détruire la mémoire. Aux États-Unis, Olga Rusanova, une Américaine naturalisée qui a grandi en Sibérie, me racontait : « En Union soviétique, on tuait tous ceux qui pouvaient se rappeler l'histoire », ce qui facilitait la création d'une fausse histoire conçue pour répondre exactement aux besoins du régime.

Certes, dans les dernières années de l'emprise soviétique, la plupart des gens avaient cessé de croire au récit communiste officiel. Mais cela ne signifie pas qu'ils savaient pour autant ce qui était vrai. Comme le dit l'historien Orlando Figes à propos de la génération qui entra dans l'âge adulte après la révolution bolchevique de 1917,

8. CONNERTON, *op. cit.*, p. 73

« pour toute personne de moins de trente ans, qui n'avait jamais connu que le monde soviétique ou n'avait reçu de sa famille aucune autre valeur, il était à peu près impossible de sortir du système de propagande et de remettre en question ses principes politiques[9] ».

Créer de petites forteresses de mémoire

L'observation de Figes met en évidence un foyer de résistance possible : la famille et la mémoire culturelle qu'elle peut transmettre. Paul Connerton en note une autre : la religion.

Nous avons évoqué l'une et l'autre lors de ma conversation Paweł Skibiński, l'un des plus grands historiens polonais contemporains, conservateur du musée de la collection Jean-Paul II de Varsovie. Nous parlions de la manière dont Karol Wojtyła, le grand pape anticommuniste, pouvait nous apprendre à résister au nouveau *soft* totalitarisme.

Quand les nazis ont envahi la Pologne, ils savaient pouvoir soumettre le pays par la supériorité de leurs armes. Mais le projet d'Hitler pour la Pologne était la destruction des Polonais en tant que peuple. Pour ce faire, les nazis devaient détruire les deux choses qui avaient donné leur identité aux Polonais : leur foi catholique commune et leur sentiment national.

Avant d'entrer au séminaire en 1943, Wojtyła était comédien à Cracovie. Lui et ses amis du théâtre savaient que la survie de la nation polonaise dépendait du maintien de sa mémoire culturelle face à l'oubli forcé. Ils écrivirent et jouèrent des pièces de théâtre sur leur histoire nationale et leur foi catholique – Wojtyła lui-même en écrivit trois. Les représentations étaient secrètes, devant un public clandestin. Si la Gestapo avait su, acteurs et spectateurs auraient été envoyés dans des camps ou fusillés.

---

9. Orlando Figes, *The Whisperers : Private Lives in Stalin's Russia*, Metropolitan, 2007, p. 173.

Tous les militants de la résistance antitotalitaire ne portent pas de fusil. Les armes à feu n'auraient de toute façon pas servi à grand-chose face à l'armée allemande. La persistance de la mémoire culturelle était la meilleure arme dont les Polonais disposaient pour résister au totalitarisme nazi, puis au soviétique qui s'y substitua au lendemain de la défaite de l'Allemagne.

En Pologne, m'a appris Skibiński, les seules institutions sociales durables étaient alors l'Église et la famille. Au XXe siècle, les totalitarismes jumeaux ont tenté de soumettre puis de détruire l'Église catholique polonaise. Le communisme a cherché à briser la famille en concentrant dans les mains de l'État le monopole de l'éducation et de l'instruction des jeunes. Il cherchait également à éloigner les jeunes de l'Église en les convainquant que l'État serait le garant de leur liberté sexuelle.

« Le fait est qu'à présent, les mêmes tendances viennent de l'Ouest, que nous avions toujours admiré et considéré comme un endroit sûr. De nombreux Polonais commencent à prendre conscience que ce n'est plus le havre qu'ils imaginaient. On constate que les dernières communautés qui tenaient encore menacent ruine : la famille, l'Église et la nation. En cela, le libéralisme rejoint la théorie communiste. »

Skibiński voit dans la langue un lieu de préservation de la mémoire culturelle. On sait que les communistes défendaient à quiconque de parler d'histoire d'une manière non approuvée. C'est une tactique utilisée par les progressistes d'aujourd'hui, en particulier dans les universités.

Ce que nos contemporains ont plus de mal à apprécier, c'est la façon dont nous répétons l'habitude marxiste de falsifier la langue, en vidant des mots familiers de leur sens et en remplaçant celui-ci par une nouvelle signification hautement idéologique. Les effets de la propagande ne se limitent pas à notre façon de penser la politique et la vie quotidienne : ils touchent aussi à ce qu'une culture estime nécessaire de se rappeler.

Au cours de notre conversation, je fais part au professeur de mes réflexions sur l'usage par les libéraux contemporains de mots neutres, voire positifs, comme « dialogue » et « tolérance ». Ils les utilisent pour désarmer, et au bout du compte vaincre les conservateurs naïfs. De même, ils imprègnent d'autres mots et expressions – « hiérarchie », par exemple, ou « famille traditionnelle » – d'une connotation négative.

Évoquant la vie sous le régime communiste, Skibiński me répond : « Les gens qui n'ont jamais connu d'autre environnement linguistique que celui-ci, qui ne connaissent aucune autre façon de parler, peuvent aisément se mettre à croire à cette méthode d'utilisation des mots. Si un vocable porte un certain bagage négatif, il devient impossible d'avoir une discussion sur le phénomène qu'il désigne. »

Faire cours aux générations actuelles d'étudiants qui ont grandi dans l'ère postcommuniste est un véritable défi, parce qu'ils n'ont pas développé d'immunité naturelle aux abus de langage idéologiques. « C'est chez moi un réflexe naturel. Je sais reconnaître cette utilisation mensongère de la langue. Mais nos étudiants ne sont pas équipés pour comprendre. »

Comment faisait-on pour ne pas perdre de vue la réalité sous le régime communiste ? Comment savoir ce qu'il fallait se rappeler, et comment se le rappeler ? La solution fut de créer de petites communautés distinctes, familles et confréries religieuses en particulier, où il était possible de dire la vérité et de l'incarner.

« Dans ces petits espaces sociaux, le vrai sens des mots était préservé. Pour moi, il importe moins de débattre avec les progressistes de leur vision du monde que de décrire le réel tel qu'il est. Par exemple, il nous faut montrer à tous à quoi ressemble une famille monogame normale. »

Pour paraphraser Orwell dans *1984*, ce n'est pas en remportant un débat, mais en restant ancré dans la réalité que l'on porte plus loin l'héritage humain.

Transformer la *polis* parallèle en cité sanctuaire

Les familles et les confréries religieuses étaient des lieux de retraite. Tout comme les séminaires d'éducation clandestins. Ces cellules, un éminent dissident les a rassemblées dans un concept communautaire qu'il a appelé « *polis* parallèle ».

Sous le communisme, le mathématicien tchèque et militant des droits de l'homme Václav Benda savait que les non-communistes n'avaient pas leur mot à dire, dans l'espace public, sur la manière dont le pays devait être gouverné. Les communistes détenaient le monopole de la politique, des *media* et des institutions tchèques. Mais Benda refusa d'accepter l'idée que les dissidents n'avaient d'autre choix que de se rendre.

Il forma l'idée d'une « *polis* parallèle » – un ensemble de structures sociales alternatives où la vie intellectuelle pouvait être vécue en dehors de l'approbation officielle. La *polis* parallèle était une tentative populaire de lutter contre le totalitarisme, lequel imposait, selon les termes de Benda, « l'abandon de la raison et de l'apprentissage [et] la perte des traditions et de la mémoire[10] ».

« Le pouvoir totalitaire a étendu la sphère de la politique au point de tout y inclure, y compris la foi, la pensée et la conscience individuelles, écrit-il. La première responsabilité du chrétien et de l'être humain est donc de s'opposer à ces exigences inacceptables de la sphère politique, autrement dit de résister au pouvoir totalitaire. »

Au nombre des institutions clés de la *polis* parallèle se rangent les séminaires organisés chez des particuliers. Lors de ces événements, des universitaires proposaient des cours sur des sujets interdits – histoire, littérature et autres sujets culturels indispensables au maintien de la mémoire. La *polis* parallèle de Benda n'était pas simplement une fédération de groupes de discussion qui dissertaient sur des sujets intellectuels et artistiques en attendant

10. Václav Benda, *The Long Night of the Watchman : Essays by Václav Benda, 1977-1989*, F. Flagg Taylor IV, South Bend, St. Augustine's Press, 2017, p. 218.

leur heure. Au contraire, son objectif principal était d'abord la préservation de la culture face à l'anéantissement. Ce faisant, elle cultivait les graines du renouveau.

Sir Roger Scruton fut l'un des rares universitaires occidentaux à avoir participé à ces séminaires. C'est ainsi qu'il aida à créer une université clandestine dont les diplômes étaient délivrés en secret. D'autres intellectuels de premier plan à l'Ouest, dont le philosophe Charles Taylor et le critique littéraire Jacques Derrida, se sont joints au combat. Derrida, comme Scruton, s'est une fois retrouvé en détention après son arrestation par la police secrète tchèque. Il fut déclaré *persona non grata*.

Scruton me racontait l'étonnement qu'ils ressentirent lorsque, avec ses collègues universitaires britanniques, il commença à visiter la Tchécoslovaquie communiste à la fin des années 1970 : les Tchèques « étaient déterminés à s'accrocher à leur héritage culturel parce qu'ils étaient convaincus qu'il contenait la vérité, non seulement sur leur histoire, mais sur leur âme, sur ce qu'ils étaient fondamentalement. C'était la seule chose que les communistes ne pouvaient leur enlever. »

Scruton et ses amis ont ainsi découvert des étudiants tchèques avides de connaissances, mais pas uniquement de connaissances théoriques. S'ils voulaient apprendre, c'est qu'ils voulaient vivre, vivre sous une dictature de mensonges. Dans *Notes from Underground*, roman paru en 2014 et dont l'intrigue se déroule en Tchécoslovaquie dans les années 1980, le protagoniste de Scruton, un jeune homme du nom de Jan, se retrouve dans les cercles dissidents de Prague. Celui qui l'y introduit lui explique à quoi s'attendre :

> Il ajouta que de temps à autre se tiendraient des séminaires spéciaux, avec des invités venus de l'Ouest qui nous informeraient des dernières avancées académiques et nous aideraient à nous rappeler.
>
> « Nous rappeler quoi ? » demandai-je.

Son regard s'appesantit sur moi. « Nous rappeler ce que nous sommes[11]. »

Ces séminaires ont forgé ce que Scruton, citant le dissident tchèque Jan Patočka, décrivait comme la « solidarité des brisés ». C'est la manière qu'avaient trouvée les anciens – ceux qui se rappelaient encore le réel – de prendre leurs responsabilités vis-à-vis des jeunes. On ne pouvait plus faire confiance aux institutions tchèques, au premier rang desquelles les universités, pour dire la vérité et transmettre la mémoire culturelle qui rappelait aux Tchèques ce qu'ils étaient. Mais il fallait le leur rappeler, sans quoi, comme le disait Milan Hübl, ils disparaîtraient en tant que peuple.

Montrer l'exemple communautaire aux générations à venir

Sous la domination soviétique, le champ de tir de Butovo appartenait à la police secrète, le NKVD, qui l'utilisait pour s'entraîner au tir. Au plus fort de Grandes Purges staliniennes, entre 1937 et 1938, il y abattit 20 761 prisonniers politiques, la plupart d'une balle dans la nuque, et les y enterra.

En 1995, quatre ans après l'effondrement de l'Union soviétique, l'Église orthodoxe russe a pris possession du champ de Butovo. Aujourd'hui, on peut y voir une petite chapelle en bois et, non loin, une grande église de pierre dédiée à la mémoire des martyrs du régime soviétique. Le champ lui-même est un site national où se dresse un monument aux morts, un mur de granit où est inscrit le nom et la date de la mort de chaque victime.

Le 30 octobre est une fête nationale en souvenir des victimes de la violence politique. Je me suis tenu à proximité de la cérémonie, dans une clairière ceinte d'arbres nus, tandis qu'une neige mouillée

11. Roger Scruton, *Notes from Underground*, New York, Beaufort Books, 2014, p. 54-55.

tombait sur la foule des Russes assemblés là pour entendre la longue liste des morts. Après un moment, mon traducteur Matthew Casserly et moi avons visité l'exposition qui, à proximité, retraçait l'histoire du champ de Butovo.

Un vieil homme portant une casquette plate, remarquant Matthew qui traduisait pour moi les panneaux intégralement rédigés en russe, se faufile jusqu'à nous et se présente. Il s'appelle Vladimir Alexandrovitch, et souhaite savoir ce qui nous amène à Butovo ce jour-là. Matthew lui répond que son ami américain est en visite pour en apprendre plus sur l'ère communiste, parce que beaucoup d'émigrés, dans les pays de l'ancien bloc de l'Ouest, semblent percevoir des signes de sa possible renaissance.

Vladimir Alexandrovitch nous demande de préciser notre affirmation. Je lui évoque ces personnes qui redoutent de perdre leur travail pour non-conformité à l'idéologie dominante de gauche.

« Perdre leur travail ? répond l'homme. C'est mauvais signe. L'histoire peut se répéter, vous savez. Les jeunes ne le savent pas et ne veulent rien savoir. Mais l'histoire se répète toujours, d'une manière ou d'une autre. »

Matthew et moi nous rendons ensuite jusqu'à la grande cabane en bois qui sert de bureau au père Kirill Kaleda, que nous avons déjà rencontré plus haut, ce prêtre orthodoxe qui supervise le sanctuaire et l'église voisine. C'est grâce à lui que l'État russe a accepté de consacrer ce lieu de mémoire – et, le prêtre l'espère, de repentir. Lorsque nous arrivons, il revient d'une matinée passée à enseigner l'histoire du site à des enfants d'une école de la région.

Tandis que nous nous asseyons avec lui autour d'une table de cuisine chargée de harengs, de salades, de fromages, de pain et d'autres mets propres à rassasier les pèlerins du jour, je lui rapporte notre conversation avec le vieux monsieur de l'exposition. Un deuxième Butovo est-il possible ?

« Il a raison, hélas ! commente le prêtre. C'était évident : les enfants à qui j'ai parlé ce matin ne savent rien de ce qui s'est passé ici. Ils n'ont même pas sur le sujet les connaissances les plus élémentaires. »

Ils habitent pourtant tout près du champ de Butovo : s'ils avaient vécu à l'époque des Grandes Purges, ils auraient entendu les coups de feu depuis chez eux. Ici, on a inscrit dans la pierre le souvenir du massacre pour que tous puissent le voir. Pourtant, s'il n'y avait pas de père Kirill pour visiter leurs salles de classe et leur raconter l'histoire, les arrière-petits-enfants de la génération assassinée n'en entendraient jamais parler.

Lui-même était âgé de trente-trois ans lorsque l'Union soviétique est tombée. Lui qui a grandi dans la culture du mensonge officiel et consacré sa vie au maintien de la mémoire historique des crimes bolcheviques insiste pourtant : la propagande n'est pas morte en même temps que l'URSS.

« Nous avons à disposition une somme inouïe d'informations, mais il est aisé de constater que la propagande est tout aussi importante. Regardez ce qui se passe actuellement avec l'Ukraine, dit-il en faisant référence au conflit armé entre les séparatistes et le gouvernement de Kiev. La télévision nous a amenés, nous les Russes, à ne plus les considérer comme notre famille, mais comme des ennemis. On utilise les mêmes méthodes qu'à l'époque communiste. Chacun d'entre nous a aujourd'hui la responsabilité d'aller chercher l'information ailleurs, de ne pas se limiter à ce que propose la télévision, de porter un regard critique sur ce que nous lisons et voyons. La situation a changé. »

D'après lui, la mémoire culturelle commune entre les Russes et les Ukrainiens est en passe d'être effacée par la propagande.

Tandis que nous parlons, une femme pénètre dans la cabane et prend place à table. Elle s'appelle Marina Nikonovna Suslova. Cette fonctionnaire de la ville de Moscou est en charge de la réhabilitation du nom des prisonniers politiques. Elle est passionnée par ce travail de préservation du souvenir des méfaits du communisme. Manifestement agacée par la modestie du prêtre, elle se joint à la conversation.

« Ce mémorial n'existerait pas sans votre foi ! » s'exclame-t-elle. Puis elle se tourne vers moi. « Le père Kirill est une grande figure de l'histoire de la Russie, et il le restera parce que c'est sa foi qui lui a permis de créer ce mémorial, me dit-elle. Ce lieu a été inspiré précisément par cette foi. Non seulement il offre une vision différente de l'histoire, mais il la fait ressentir d'une nouvelle façon. Il nous dit une vérité qu'il faut dire. »

C'est bien vrai : cette vérité, il la dit par des mots, mais aussi en l'incarnant dans un lieu et dans un rituel.

Voir. Juger. Agir

La mémoire, qu'elle soit historique ou autre, est une arme de légitime défense culturelle. L'histoire, ce n'est pas seulement ce que l'on peut lire dans les manuels. Elle se trouve aussi dans les histoires que nous nous racontons sur ce que nous avons été et ce que nous sommes. Elle se trouve dans la langue que nous utilisons, dans les choses que nous fabriquons, dans les rituels que nous observons. L'histoire, c'est la culture – tout comme le christianisme. Se désintéresser de la tradition, voire y être hostile, c'est se rendre à ceux qui, depuis leur position de pouvoir, veulent légitimer un nouvel ordre social et politique. Pour la survie du christianisme, il faut que nous ayons à l'esprit l'importance critique de la mémoire et le rôle que joue la culture dans sa préservation et sa transmission.

Il nous faut raconter nos histoires, par la littérature, par le cinéma, le théâtre ou tout autre *medium*, mais il nous faut aussi manifester notre mémoire culturelle par des actes communautaires, dans le deuil et dans la célébration, dans le souvenir solennel et la joie festive. La foule des Russes qui se tenaient au champ de Butovo dans le froid et l'humidité de l'automne pour lire et entendre le nom des assassinés, voilà un acte poignant de mémoire culturelle. De même, les représentations théâtrales de Wojtyła et de sa troupe derrière des portes closes en Pologne occupée. Les séminaires sur la littérature, l'histoire, la philosophie et la théologie tenus par des dissidents dans leur appartement pour tâcher ensemble de se souvenir de ce qu'ils étaient, voilà des inspirations pour les chrétiens de nos sociétés postchrétiennes.

L'instruction chrétienne classique, dans les écoles et à domicile, est un excellent moyen de raviver et préserver la mémoire culturelle. De façon moins académique, nous pouvons célébrer nos fêtes, aller en pèlerinage, observer les jours saints, réciter des litanies, donner des concerts, organiser des bals, apprendre et enseigner la cuisine traditionnelle… Tout acte collectif qui relie la communauté à son histoire sacrée et séculière de manière vivante est un acte de résistance à la pensée selon laquelle le passé n'a pas d'importance.

Les actes domestiques moins formels, au quotidien, sont plus puissants que vous ne le pensez. La façon dont les chrétiens parlent de Dieu et mêlent les fils du récit biblique et de l'histoire de l'Église à la toile de leur vie porte des fruits qu'on n'imagine pas, précisément parce qu'il s'agit d'actes ordinaires. C'est ainsi que l'on peut former du même coup enfants et parents à la mémoire culturelle. Le langage dont usent les chrétiens, les mots, les images sont cruciaux, comme la façon qu'ils ont de prier ensemble et les symboles qu'ils utilisent pour transmettre du sens à travers les générations. Nous ne pourrons peut-être pas communiquer ce sens à un monde qui a sombré dans la folie, mais Orwell le savait, c'est en restant sain d'esprit quand tout le monde autour est devenu fou que l'on peut porter plus loin l'héritage humain.

Chapitre 7

La famille, cellule de résistance

C'est d'abord en famille que l'on apprend à aimer l'autre. Pour les plus chanceux, c'est également là que l'on apprend à vivre dans la vérité.

Le relâchement des liens familiaux et du mariage traditionnel nous prive du refuge privé dont disposaient les dissidents anticommunistes. Les chrétiens occidentaux, hélas, ne diffèrent pas tellement des incroyants.

Il existe un modèle de résistance antitotalitaire fondé sur la famille chrétienne : le clan Benda de Prague. Cette grande famille catholique souffrit de l'arrestation de son patriarche, Václav, en 1979. Sa lutte pour les droits de l'homme lui valut quatre années de prison.

Václav Benda et sa femme, Kamila, tous deux universitaires, étaient parmi les rares chrétiens à avoir un rôle de premier plan dans le mouvement résistant tchèque. Vivre en chrétien à Prague n'était pas chose aisée, et pas seulement à cause du régime athée en place. Tchèques et Slovaques étaient alors unis dans un même État, situation qui n'avait toutefois pas aboli leurs différences culturelles. Les Slovaques étaient profondément catholiques (la Slovaquie reste aujourd'hui l'un des pays européens les plus religieux) et la culture tchèque était traditionnellement beaucoup plus laïque ; si la Tchéquie moderne est, culturellement, plutôt conservatrice par rapport à l'Europe occidentale, elle est toutefois le deuxième pays européen le plus athée derrière la France.

La famille et l'État totalitaire

« L'Église catholique souterraine était la principale source de résistance ici, m'a confié un contact slovaque. Mais chez eux [c'est-à-dire du côté tchèque de l'ancien État communiste], la résistance chrétienne, c'était la famille Benda. »

Ce n'est pas tout à fait vrai. Il y avait d'autres dissidents tchèques catholiques et protestants, même au sein du mouvement de la Charte 77 dont les Benda faisaient partie des meneurs. Mais cette affirmation emphatique en dit beaucoup sur l'estime dans laquelle est tenue cette famille de Prague par ceux qui ont combattu le communisme dans leur pays.

Václav Benda, père de six enfants, pensait que la famille était le fondement de la civilisation et qu'elle devait être nourrie et protégée à tout prix. Il était pleinement conscient de la menace que le communisme faisait peser sur elle, et il élabora une profonde réflexion sur le rôle que la famille traditionnelle devrait jouer dans la construction de la résistance chrétienne au communisme.

Au cours de l'hiver 1987-1988, Benda rédigea un court essai, *La Famille et l'État totalitaire*, dans lequel il détaillait ses convictions fondamentales et ce qui devait être fait pour que la famille soit en mesure de résister à un gouvernement et à un ordre social attelés à sa destruction[1].

Pour Benda, il faut abandonner les « clichés habituels sur la nécessité de se libérer » des obligations traditionnelles du mariage et de la famille. Dans le modèle chrétien, le mariage et la famille donnent accès à trois dons plus que jamais nécessaires aux croyants qui luttent dans un ordre totalitaire.

Le premier est la féconde relation d'amour

---

1. Václav BENDA, *The Long Night of the Watchman : Essays by Václav Benda*, 1977-1989, F. Flagg Taylor IV, South Bend, St. Augustine's Press, 2017, p. 222-232.

> dans laquelle nous sommes liés à notre prochain en vertu de notre seule proximité ; non selon notre mérite, nos droits et nos attentes, mais en vertu du besoin mutuel et de son affectueuse réciprocité… incidemment, en somme, sans qu'entrent dans les motivations les notions d'égalité ou de conflit permanent entre les sexes[2].

Le deuxième don est la liberté

> qui nous est donnée si absolument que même en tant qu'êtres finis et, selon les circonstances du monde, apparemment enracinés, nous sommes capables de prendre des décisions permanentes et éternelles ; toute promesse de mariage tenue, toute fidélité qui fait front à l'adversité, est un défi radical à notre finitude, quelque chose qui nous élève, et avec nous toutes les créatures corporelles, plus haut que les anges[3].

Le troisième est la dignité de l'individu dans la structure familiale.

> Dans pratiquement tout le reste, nous sommes remplaçables ; nous pouvons nous soustraire aux autres rôles sociaux, à tort ou à raison. Mais un calcul de justice aussi froid n'a pas lieu d'être entre un mari et une femme, entre des enfants et leurs parents : c'est la loi de l'amour qui s'applique. Même là où l'amour échoue complètement […] et avec tout ce qu'implique cet échec, il reste l'appel de la responsabilité partagée du salut mutuel, qui nous empêche de renier les fils indignes, les épouses infidèles et les pères séniles[4].

2. *Ibid.*, p. 225.
3. *Ibid.*, p. 225-226.
4. *Ibid.*, p. 226.

Benda n'était pas un utopiste de la famille. Il savait bien que les familles sont humaines, et par conséquent faibles et faillibles. Dans le passé néanmoins, elles savaient pouvoir compter sur le monde extérieur pour soutenir leur mission, et, s'en trouvant renforcées, elles étaient capables de produire à leur tour des citoyens capables de bâtir de solides sociétés civiles. Sous le communisme au contraire, la famille subit une attaque directe et soutenue de la part du gouvernement, qui considérait sa souveraineté comme une menace au contrôle étatique de chaque individu. Benda écrit : « Une terreur intellectuelle venue de la gauche a fini par l'obtenir : le mariage et la famille sont devenus des institutions extrêmement problématiques. »

Les familles traditionnelles, chrétiennes ou non, qui vivent sous le capitalisme libéral postcommuniste d'aujourd'hui ne connaissent que trop les assauts de la gauche contre le mariage traditionnel qui ont débuté en Occident avec la révolution sexuelle des années 1960.

Elle se poursuit aujourd'hui sous la forme d'attaques directes venues de la gauche *woke*, y compris de professeurs de droit qui défendent de nouvelles structures propres à démanteler la famille traditionnelle, qualifiée d'institution oppressive. Elle se poursuit encore, et c'est plus inquiétant, sous la forme de politiques, de lois et de décisions de justice qui affaiblissent ou rompent les droits des parents, par exemple dans des affaires impliquant des mineurs transgenres.

Mais tout le mal ne vient pas de la gauche. Avec l'avancée du consumérisme et de l'individualisme, nous avons construit un écosystème social dans lequel la fonction de la famille a été réduite à produire des consommateurs autonomes, sans aucun sentiment de connexion ou d'obligation à une quelconque réalité supérieure autre que la satisfaction du désir. Les parents conservateurs n'ont pas de mal à repérer dans le discours des idéologues progressistes les menaces qui pèsent sur les valeurs de leur famille, mais ils acceptent souvent sans esprit critique la logique et les valeurs du marché libre, quand ils n'abandonnent pas carrément le cerveau de leurs enfants aux *smartphones* et à Internet.

Les conseils que prodiguait Václav Benda aux familles victimes des attaques du communisme totalitaire n'ont rien perdu de leur pertinence. La famille moderne ne résistera pas si les époux considèrent que le divorce est la solution miracle à toutes leurs difficultés. Elle ne tiendra pas non plus, nous dit Benda, si les enfants tournent en dérision l'idée même du mariage. Quand les membres d'une famille acceptent une culture d'« extravagance sexuelle, de promiscuité, de relations aussi vite nouées que rompues, de manque de respect pour la vie » (c'est-à-dire l'avortement), alors ils ne peuvent pas s'attendre à ce que la famille soit ce qu'elle est censée être, ni produise ce qu'elle doit produire.

Parfois, ces problèmes surgissent dans la vie de famille en raison d'échecs moraux individuels, et parfois en raison de conditions extérieures, économiques ou sociales. Nous pouvons contrôler certaines choses, poursuit Benda, mais sur d'autres nous n'avons pas de prise. Nos idéaux doivent rester solidement ancrés dans le réalisme et dans la conscience de nos propres limites. Les familles ne peuvent accepter « ni la tyrannie patriarcale ni les excès d'un féminisme insensé », et rejeter le « culte des enfants » qui pousse à se soumettre à leur moindre désir.

S'il était dans sa propre famille un véritable chef, Benda comprenait toutefois qu'un père chrétien doit d'abord être un serviteur du Christ.

> La communauté familiale ne peut pas survivre si son chef et son centre sont l'un de ses propres membres. La position chrétienne est simple : c'est le Christ qui doit être le véritable centre, et c'est à son service que les membres individuels de cette communauté participent de concert à l'œuvre du salut. On ose espérer que des familles équilibrées existent sans cette appartenance distinctement religieuse, mais il semble indispensable pour cela qu'elles soient au service d'une forme d'« au-delà », que nous l'appelions amour, vérité ou autre[5].

5. *Ibid.*, p. 228.

Benda dit encore que le domicile familial doit être un vrai foyer, « c'est-à-dire un lieu où l'on veuille habiter, un lieu à part, abrité du monde extérieur ; un lieu qui serve de point de départ à l'aventure et aux expériences, et où l'on sache pouvoir toujours revenir ». En d'autres termes, un havre de paix dans un monde froid. Le foyer chrétien, aimant et sûr, est un lieu propre à former des enfants capables d'aimer et de servir l'autre, l'Église, le quartier et, de fait, la nation. La famille n'existe pas uniquement pour elle-même, mais d'abord pour Dieu, puis pour le bien de la communauté au sens large, qui n'est jamais qu'une famille de familles.

Lorsque la nation et le peuple sont retenus captifs par un ordre totalitaire, les chrétiens et leurs familles doivent opposer à la poussée du pouvoir une poussée de force égale. C'est l'enseignement du patriarche Benda, et c'est ainsi qu'il a vécu avec sa famille.

Benda a connu de son vivant la chute du communisme en 1989, et l'accession de son ami et proche collaborateur Václav Havel à la présidence d'une Tchécoslovaquie libre, qui bientôt se sépara pacifiquement entre Tchéquie et Slovaquie. Benda continua de prendre une part active dans la politique tchèque jusqu'à sa mort en 1999. Sa veuve, Kamila, vit toujours dans leur appartement praguois aux murs couverts de bibliothèques où, sous le communisme, elle et son mari tenaient des séminaires pour les dissidents.

Élever ses enfants à la Benda

J'ai rendu visite à Kamila pour la première fois au printemps 2018 pour rendre hommage à la mémoire de son défunt mari. Ses idées ont inspiré mon projet de pari bénédictin, qui entend bâtir des communautés chrétiennes assez fortes pour vivre dans l'Occident postchrétien. Elle avait invité certains de ses enfants et petits-enfants pour la soirée. Nous nous sommes réunis dans le salon, dont les murs étaient chargés de milliers de livres du sol au plafond et ornés de photos de famille et d'un énorme crucifix en plâtre.

Ce dimanche soir, j'ai appris que Václav et Kamila n'avaient pas seulement appris à leurs enfants à préserver la foi chrétienne de la persécution communiste, mais qu'ils étaient parvenus à leur donner l'envie d'y rester fidèles après la chute du totalitarisme alors même que l'écrasante majorité de leurs compatriotes tchèques avaient tourné le dos à Dieu. Tous les petits-enfants Benda sont catholiques pratiquants.

L'appartement de la famille Benda n'est pas très loin de l'ancien siège de la StB (*Státní Bezpečnost*), la police secrète de l'ère communiste. Sous la dictature, ceux qui avaient été convoqués pour interrogatoire s'arrêtaient parfois chez les Benda pour y recevoir des conseils sur la façon de supporter ce qu'ils allaient subir sans ciller et pour y trouver du courage. Après leur calvaire, ils s'y arrêtaient de nouveau pour un moment de réconfort. La famille Benda offrait plus que la simple hospitalité chrétienne.

Lors de cette première visite, puis des deux autres qui ont suivi, j'ai cherché à comprendre comment Václav et Kamila ont fait en sorte que leur famille développe la force intérieure des enfants, en tant que catholiques, mais également en tant que jeunes conscients du sens de la mission de leurs parents – et des sacrifices qui en ont découlé. Voici leurs conseils.

Modeler leur courage moral

« Nos parents étaient pour nous des héros, me dit une fois Patrik. Mon père, c'était le shérif du *Train sifflera trois fois.* »

Václav a appris à ses enfants comment lire le monde autour d'eux, comment comprendre les hommes et les événements en termes de bien et de mal. Il n'a jamais permis qu'ils sombrent dans l'ignorance ou dans l'indifférence. La bataille où l'histoire les avaient tous jetés était trop importante.

Il leur expliquait par exemple qu'il y a plus grave que de perdre ses libertés politiques.

« Notre père nous a appris les différences entre la dictature et le totalitarisme, m'expliquait Marek. La dictature peut vous rendre la vie difficile, mais elle ne cherche pas nécessairement à dévorer votre âme. Les régimes totalitaires, eux, en ont après elle. C'est une chose qu'il faut savoir si l'on veut protéger ce qui compte le plus pour nous en tant que chrétiens. »

C'est en observant comment ses frères se sont conduits pendant leur adolescence que Patrik a compris l'autorité morale que représentait son père pour sa famille. À cet âge, il est normal de se rebeller contre l'autorité, mais les enfants des dissidents n'avaient pas ce luxe.

« Tous les conflits familiaux devaient être mis de côté pour que nous puissions résister à la menace extérieure du communisme, raconte Patrik. Quand mon père a défendu à mon frère Martin de boire de l'alcool en public avant ses dix-huit ans, il lui a expliqué que c'était un moyen de protéger toute la famille contre le régime. "Tu ne peux pas le faire, sous peine de nous mettre tous en danger", lui a-t-il dit. »

Plutôt que d'y voir un joug insupportable, les enfants de Benda y ont vu l'occasion de servir quelque chose qui les dépassait.

« Le western *Le train sifflera trois fois* nous a beaucoup aidés à comprendre comment lutter contre le mal, me dit encore Marek Benda. Tout le monde demande au shérif de quitter la ville en espérant qu'ainsi les bandits ne leur feront plus d'ennuis. Mais le shérif reste parce que sa vertu et son honneur ne lui permettent pas de partir. Il cherche de l'aide, mais ne trouve personne. À la fin, c'est sa femme qui se joint à lui. C'est un peu l'histoire de notre famille. Cela ressemble à ce qu'ont fait notre père et notre mère. »

Martin insiste : leur père n'avait pas naturellement la fibre du héros. Un soir, Kamila tardant à rentrer, Václav veilla nerveusement à sa fenêtre, fixant du regard la rue en contrebas, craignant que sa femme ait été arrêté par la police secrète.

« Ce soir-là, j'ai redoublé d'admiration pour lui, conclut-il. C'est à ce moment-là que j'ai compris qu'il était humain. Qu'il avait peur, mais qu'il refusait de se laisser dominer par sa peur. »

Remplir leur imagination morale d'images du bien

Václav et Kamila Benda ne se contentaient pas de faire voir à leurs enfants des films comme *Le train sifflera trois fois* pour les préparer à la résistance.

Malgré les exigences de son travail d'enseignante à l'université, Kamila prenait le temps de lire à haute voix pour ses enfants deux à trois heures par jour.

« Tous les jours ? demandé-je stupéfait.

— Tous les jours », répond-elle.

Elle leur lisait des contes de fées, des mythes, des histoires d'aventure et même des classiques de l'horreur. Plus que tout autre roman, cependant, *Le Seigneur des anneaux* de J. R. R. Tolkien était une pierre angulaire de l'imagination collective de la famille.

« Pourquoi Tolkien ?

— Parce que nous savions que le Mordor était réel. Nous sentions que l'histoire des Hobbits et des autres résistants à la malveillance de Sauron, c'était aussi notre histoire. Les dragons de Tolkien sont plus réalistes que bien des choses de ce monde.

— Maman a dû nous lire au moins six fois *Le Seigneur des anneaux*, se souvient Philip. C'est la lutte de l'Est contre l'Ouest. Les Elfes d'un côté, les Orques de l'autre. Et quand on connaît le livre, on comprend qu'il faut commencer par combattre l'empire du mal, mais que sa défaite ne signifie pas la fin de la guerre. Ensuite, il faut résoudre les problèmes chez soi, comme lors du passage du nettoyage du Comté. »

Voilà comment Tolkien a préparé les enfants Benda à résister au communisme, mais aussi à l'idée que sa chute signifiait la fin de leur quête du bien et du vrai. Après l'effondrement du communisme, ils ont trouvé de nouveaux moyens de contribuer à la reconstruction morale de leur nation.

Pour Patrik, la clé est d'exposer les enfants à des histoires qui les aident à connaître la différence entre mensonge et vérité, et à les discerner dans la vraie vie.

« Ce que notre mère a toujours encouragé et soutenu, c'est notre capacité d'imagination, par la lecture de livres ou les jeux avec des chiffres, explique-t-il. Elle nous a également appris que l'imagination était quelque chose qui nous appartenait pleinement, qui ne pouvait nous être volée, et enfin qui nous rendait différents des autres. »

Ne pas avoir peur de paraître bizarre aux yeux de la société

« À l'école, nous nous démarquions non seulement par notre foi, mais aussi par notre manière de nous habiller, poursuit Patrik. Nos vêtements étaient plus variés, parce que nous portions des choses que notre tante, ou tel ou tel ami nous avait données. Nous n'avons jamais souffert de cette différence parce que nous considérions cette exception comme une valeur et non comme quelque chose de négatif. »

De la sorte, les parents Benda ont vacciné leurs enfants contre la maladie de l'idéologie communiste, qui était partout. Ils les ont amenés à comprendre qu'en tant que chrétiens, ils devaient s'extraire de la société totalitaire. Václav et Kamila savaient que s'ils n'imprimaient pas ce sentiment de différence dans l'esprit de leurs enfants, ils risquaient de les perdre à cause de la propagande et de la conformité généralisée au système totalitaire.

« Parfois, c'était vraiment difficile, concède Patrik. Nous étions pauvres et nous avions conscience de ce qui nous manquait. Acheter quoi que ce soit à la mode était exclu, comme prendre part à la moindre tendance populaire. Nous n'avons jamais eu les jouets à collectionner que tous les autres enfants avaient. Parfois, c'était donc difficile. Mais au bout du compte, c'est ce qui nous a rendus plus forts. »

Se préparer à faire de grands sacrifices pour un bien supérieur

Un jour, Kamila a reçu une lettre de son mari depuis sa prison, où il écrivait que le gouvernement envisageait de le libérer s'il acceptait d'émigrer vers l'Ouest avec sa famille.

« Je lui ai répondu non. Je lui ai dit qu'il ferait mieux de rester en prison et de continuer à se battre pour ce en quoi nous croyions », me dit-elle.

Imaginez seulement. Cette femme qui élevait seule six enfants dans un État totalitaire communiste a trouvé la force de consentir au sacrifice pour un bien supérieur, renonçant à l'assurance pour ses enfants d'une vie plus confortable et plus libre.

Si vous n'y parvenez pas vous-mêmes, que vous vous persuadez que vos compromis sont pour le bien de vos enfants, vous pourriez finir par le regretter.

« Nous connaissions des personnes qui cédaient pour cette raison, raconte Patrik. Ils voulaient que leurs enfants bénéficient d'une meilleure éducation, et pour cela ils ont compromis leurs valeurs et ont rejoint le Parti communiste. Au bout du compte, ils se sont aliéné leurs propres enfants. Cela m'a frappé à l'université, pendant la révolution de Velours, en 1989. Certains étudiants détestaient franchement leurs parents qui s'étaient compromis pour eux. »

Aujourd'hui, les descendants du docteur Benda ont conservé les lettres qu'il envoyait à sa femme depuis sa prison. Elles témoignent de la solidité de sa foi, sans laquelle il n'aurait pu endurer sa captivité. Cette correspondance est pour eux un véritable catéchisme, d'autant plus vivant qu'il n'a pas été écrit par un saint de plâtre mais par un héros de chair et de sang.

« Dans l'une de ses lettres, il explique comment le fait d'être en prison lui a permis de mieux comprendre les Évangiles, me dit Patrik. Jésus a dit au moment de sa Passion : “Que soit faite non pas ma volonté, mais la tienne.” Mon père croyait qu'il témoignait en subissant la persécution. Cela nous a tous aidés à mieux comprendre l'exemple du Seigneur.

— Papa croyait que même lorsque les choses allaient mal, lorsqu'il souffrait et qu'il ne voyait aucune conséquence positive à ses actions, il y avait le Bon Dieu, et qu'il finirait par remporter la bataille, ajoute Marketa, l'une des filles Benda. Dieu finira par gagner, même si je n'en suis pas témoin de mon vivant. Ma souffrance n'est pas dénuée de sens, parce que je participe à une bataille bien plus grande que moi, dont l'issue sera la victoire. C'est ce que notre père nous a montré par la vie qu'il a menée.

— Mais il croyait dans la défaite du communisme et il comptait bien la voir de ses propres yeux, répond Patrik.

— C'est vrai, acquiesce Kamila. Il avait aussi la ferme conviction que détruire le régime communiste était la mission de sa vie. Il s'adressait sans cesse à Dieu pour lui demander la marche à suivre. Il s'est toujours efforcé de vivre à la hauteur des valeurs qu'il s'était fixées.

— Une chose très importante à savoir sur lui, ajoute Marketa, est que de son point de vue, il était responsable devant Dieu et devant personne d'autre. Il se moquait de savoir si les autres comprenaient ou non pourquoi il faisait ce qu'il faisait. Il agissait sous le regard de Dieu. C'est la Bible, vous savez, qui lui a donné toute sa force, car elle est pleine d'histoires de prophètes et d'autres personnages qui vont au-delà du compréhensible par obéissance vis-à-vis du Seigneur. »

Apprendre aux enfants qu'ils font partie d'un mouvement plus large

Les Benda ont compté parmi les membres fondateurs de la Charte 77, la principale organisation dissidente tchécoslovaque. En 1977, plus de deux cents artistes et intellectuels ont signé une charte exigeant que le régime communiste respecte les droits de l'homme. Ce qui valut la prison à certains signataires, dont le dramaturge et futur président Václav Havel et Václav Benda.

« Nous avons entraîné nos enfants dans nos luttes, me dit Kamila. Ils avaient le sentiment que nous étions tous membres d'un groupe avec un objectif commun. Ils ont été élevés dans l'assurance qu'ils se battaient pour une noble cause, pour la justice. »

Cela ne s'arrêtait pas aux seuls opinions et sentiments. Les enfants Benda ont eux-mêmes pris des risques et fait acte de résistance.

« Parfois, pour faire passer des messages confidentiels, nous envoyions un des enfants, car ils ne couraient pas autant que nous le risque d'être arrêtés, se souvient Kamila. Ils ont également appris à avaler les petits papiers s'ils sentaient qu'ils étaient surveillés. »

Cette participation active à un mouvement plus large de défense de la liberté, de la démocratie et des droits de l'homme a contribué à façonner les enfants Benda de bien des manières. Bien que Václav et Kamila Benda aient maintenu sans faille la foi catholique au sein de leur famille, ils ont montré à leurs enfants, par l'exemple, l'importance de travailler en bonne intelligence avec des personnes de bonne volonté qui ne partageaient pas leurs croyances.

Patrik me raconte qu'ils étaient les seuls chrétiens praguois impliqués dans le mouvement. Aucune autre grande figure de la Charte 77 n'était chrétienne. La plupart étaient des anticommunistes convaincus, mais certains, comme Petr Uhl, étaient des « marxistes révolutionnaires » pour qui un État marxiste sans droits de l'homme devait être combattu.

D'après Patrik, « La Charte 77 rassemblait des personnes avec des visions du monde et des idées totalement différentes. Des socialistes démocrates côtoyaient des catholiques fervents. Enfant, il me paraissait tout à fait normal de grandir dans une communauté de personnes aux opinions extrêmement variées. Notre environnement était tout sauf une bulle. »

C'est une leçon pour les chrétiens d'aujourd'hui, qui doivent prendre conscience de la nécessité du respect de la diversité au sein d'une communauté qui partage un même objectif.

« Quand nous voyons ce qui se passe chez vous, poursuit-il, nous avons l'impression que vous dressez des murs et que vous creusez le fossé entre les gens. Quant à nous, nous sommes toujours ouverts à la discussion pour éviter la division. Vous savez, il est bien plus facile d'endoctriner quelqu'un qui s'est entouré de murs. »

Accorder l'hospitalité et se mettre au service de l'autre

Pour Kamila, l'obéissance au commandement du Christ d'aimer son prochain signifie ne jamais manquer de défendre les persécutés quels qu'ils soient, pas seulement les chrétiens pratiquants. Ainsi des visiteurs qui passaient chez les Benda avant les interrogatoires. Kamila était une véritable figure maternelle : elle leur donnait des conseils pour répondre, sans rien révéler, aux questions de la police, laquelle pouvait se montrer très cruelle.

Jusqu'à vingt personnes se présentaient chaque jour à l'appartement des Benda pour y obtenir des conseils et du réconfort et se sentir entourées par une communauté. Après que la police les avait relâchées, elles repassaient souvent. Qu'elles aient tenu bon ou lâché des informations sous la contrainte, Kamila leur offrait une tasse de thé, un verre de vin, ses encouragements.

« Maman leur disait : "Tout va bien. La prochaine fois, vous vous en sortirez mieux" », raconte Patrik. Le cercle des dissidents était trop petit, trop fragile pour que ses membres se retournent les uns contre les autres, même à travers leurs échecs, leurs frustrations, leurs déceptions.

Nous reparlons des séminaires de l'époque communiste que les Benda tenaient chez eux. Cette pratique, leurs enfants continuent de la faire vivre. Aujourd'hui, Marketa propose chez elle des réunions similaires.

« Elle les a baptisées "soirées fromage", m'explique la nièce de Marketa, Klara, à cause de son surnom. On l'appelle "Souris". Elle invite des personnes qu'elle connaît de l'université ou de son travail, et chacun parle de ce qu'il fait dans la vie. »

Chez Patrik, on projette un film une fois par mois. Après la projection, on en discute. Bien sûr, dit-il, on peut tout à fait regarder ce que l'on veut chez soi, mais il y a quelque chose d'unique dans le fait de partager l'expérience avec d'autres et d'en parler.

« Je pense que ce qu'il faut en retenir, c'est que les gens aiment faire des rencontres et n'ont pas de problème pour en faire, mais que pour éviter le temps perdu il vaut mieux avoir un sujet, un prétexte qui rassemble, explique Klara, la fille de Patrik. Un film est un bon point de départ pour une conversation, et il arrive que nous finissions par dériver sur le lycée, les examens, ce genre de chose qu'on déteste. Voilà le secret : il faut partir de quelque chose de concret. »

J'évoque l'idée bien connue de Václav Benda selon laquelle, dans une société d'individus atomisés comme l'était la Tchécoslovaquie communiste, il est important que les gens ordinaires se rassemblent et se rappellent que l'autre existe. À une époque où les gens ont oublié comment être voisins, partager un repas ou regarder un film ensemble est un acte politique. Voilà, d'après moi, comment lutter concrètement contre la solitude et l'isolement qui permettent au totalitarisme de régner.

Patrik acquiesce, ajoutant que parler de films est un moyen pour les membres plus âgés de la communauté de transmettre aux jeunes la mémoire culturelle.

« J'en ai fait l'expérience avec des jeunes qui ont vingt ans de moins que moi et qui s'intéressent à tel ou tel film, sans savoir qu'il s'agit du *remake* d'un plus vieux film. D'ailleurs, nous ne passons pas que des nouveautés, nous choisissons aussi des œuvres anciennes. Passer d'une époque à l'autre aide les jeunes à comprendre le contexte culturel dans lequel elles ont été produites. Le fait qu'ils puissent apprendre des connaissances et de l'expérience de leurs aînés est fondamental. »

Pour la famille Benda de Prague, le but est d'abord de servir Dieu, ensuite de servir les autres. C'est ce qu'ils faisaient sous le communisme ; c'est ce qu'ils font sous le libéralisme postchrétien. C'est une tradition familiale.

L'importance sociale de la famille

Ce n'était pas la seule famille à résister au communisme. Au cours de nombreuses conversations que j'ai eues avec des habitants de l'ancien bloc soviétique, j'ai entendu mille histoires sur la façon dont la famille chrétienne a naturellement contribué à fonder les mouvements de résistance au communisme.

En Russie, on s'attend à trouver des orthodoxes, beaucoup moins des baptistes. Il n'y en avait aucun avant la seconde moitié du XIXe siècle, et même aujourd'hui le pays n'en compte que 75 000 pour une population de 145 millions d'âmes. Yuri Sipko, discret pasteur aux cheveux blancs, était autrefois le chef des baptistes russes.

Tâche difficile, même après l'effondrement du pouvoir soviétique. Les baptistes sont marginalisés, et parfois persécutés, même par d'autres croyants. Sous le communisme, ils devaient faire face non seulement à l'ostracisme de la part des autres chrétiens, mais, comme tous les croyants religieux, aux attaques brutales de l'État.

La propagande communiste présentait le christianisme baptiste comme une secte primitive et dangereuse. Sipko, né en 1952 dans une famille de douze enfants, raconte comment ses parents ont planté dans son cœur les graines du courage.

« Mon père était le pasteur de notre congrégation, et comme tel il a subi toutes sortes de pressions. Enfant, tout ce que je savais, c'est que je voulais être comme lui. J'ai vu qu'il était capable de se tenir seul, digne et courageux, face à tous ses ennemis. »

Quand Yuri était encore un jeune garçon, les Soviétiques ont envoyé son père en prison pendant cinq années pour avoir prononcé un prêche. Sa mère, comme plusieurs autres femmes de la congrégation, s'est retrouvée seule pour élever ses enfants. Elle leur lisait la Bible, priait avec eux, pleurait avec eux, et leur apprenait à trouver du sens à leur vie.

Un jour, le maître d'école de Yuri a appelé sa mère à l'école. Il était très remonté du fait que Yuri refusât d'accepter les leçons d'athéisme et de matérialisme prescrites par l'État, et exigeait de savoir à quel genre de secte elle appartenait, et pourquoi elle enseignait des inepties à son fils. Le garçon a regardé sa mère, dont le mari était en prison à cause de sa foi, pour voir comment elle réagirait face à cette figure d'autorité qui la traînait ainsi dans la boue.

« Elle a sorti sa Bible et s'est mise à lire, se souvient-il en souriant. Ce souvenir me rend si heureux ! Le maître m'a demandé de me lever et il a dit : "Ce garçon est à *nous*. Il recevra *nos* leçons." Mais, protégé par ma mère, j'ai trouvé le courage de dire : "Non. Je crois en Dieu." Mon maître s'est liquéfié. »

De même, à bien plus grande échelle, les autorités polonaises se sont cassé les dents lorsqu'elles ont cherché à écraser le père Jerzy Popiełuszko, l'aumônier du syndicat polonais Solidarnosc. Malgré les nombreuses menaces pesant sur lui, ce prêtre de Varsovie ne cessa pas d'élever la voix contre le régime assassin. En 1984, la police secrète l'élimina et jeta son corps dans une rivière.

Le père Jerzy avait été un séminariste médiocre et un prêtre tout ce qu'il y avait d'ordinaire, jusqu'à ce que l'émergence de Solidarnosc comme force d'opposition à la brutalité communiste l'appelle à son destin.

Paweł Kęska, qui dirige le musée Popiełuszko dans la paroisse du prêtre martyr, m'a raconté comment près d'un million de personnes se sont rendues aux funérailles du père Jerzy. Il m'a ensuite raconté l'enfance modeste du prêtre devenu héros national, aujourd'hui en bonne voie pour être canonisé par l'Église catholique.

D'après Kęska, le village pauvre où naquit le père Jerzy, où lui-même s'était rendu en pèlerinage avec un groupe d'étudiants, n'avait rien de spécial.

« C'est un village très ordinaire. On n'y sent rien de particulièrement spirituel. Dans la maison où le père Jerzy a vécu, une pièce a été transformée en musée, mais tous les objets y sont recouverts d'une épaisse couche de poussière. Près du mur se trouve une petite table, avec une nappe en toile cirée. On peut y voir un petit morceau de papier où est écrit, de la main du frère du père Jerzy : "Chaque jour, à côté de cette table, nous priions avec notre mère." Une photo de la mère en question montre une vieille femme fatiguée. À côté se trouve un reliquaire contenant les reliques du prêtre. »

Le père Jerzy a terminé sa courte vie en héros national, en figure de la résistance chrétienne au communisme, aimé de millions de personnes pour sa fidélité à Dieu et pour sa volonté de mettre sa propre vie en jeu pour dénoncer l'injustice. Mais tout a commencé dans une petite maison d'un village triste et pauvre, au milieu de nulle part, au sein d'une famille qui priait tous les jours ensemble.

« C'est la réponse, a conclu Kęska. C'est là toute la force de cet homme, c'est ce dont nous avons besoin aujourd'hui pour préserver notre identité. »

Pour Mária Komáromi, enseignante catholique à Budapest, « ce n'est pas un hasard si toutes les dictatures essaient toujours de briser la famille, car c'est dans la famille que vous trouvez la force de combattre. On se sent épaulé, prêt à aller par le monde et à affronter tout ce qui se présentera. C'était vrai sous le communisme et ça l'est tout autant aujourd'hui. »

Au cours de mes voyages en Europe de l'Est, les survivants du communisme n'ont cessé de me dire qu'il était bien plus difficile d'identifier les menaces contre la foi et la famille aujourd'hui que cela ne l'était sous le communisme. Mais il n'est pas moins nécessaire de le faire, et de le faire avec discipline, en ne comptant pas seulement sur ses sentiments, mais avec une charité à toute épreuve, assez dure pour durer.

Tertullien, l'un des pères de l'Église, qui connut la persécution par les Romains, a eu ce mot célèbre : « Le sang des martyrs est semence de chrétiens. » Les martyrs prêts à souffrir et à mourir pour leur foi font naître dans le cœur des hommes l'amour pour Dieu. C'est vrai, mais il faut ajouter, à la lumière de l'histoire des Benda, des Spiko, des Popiełuszko et de tous les vainqueurs du communisme, que l'amour des pères et des mères est semence de l'Église.

Voir. Juger. Agir

Sous le *soft* totalitarisme qui vient, les chrétiens devront redoubler d'attention pour la vie de famille. La famille chrétienne traditionnelle n'est pas simplement une bonne idée : c'est une stratégie de survie de la foi par temps de persécution. Il faut cesser de prendre la vie de famille pour acquise et l'aborder d'une manière plus réfléchie et disciplinée. Nous ne pouvons pas nous contenter de vivre comme toutes les autres familles, à la différence près que nous

nous rendons à l'église le dimanche. Les croyances théologiques et les bonnes intentions ne suffiront pas. Les parents chrétiens doivent être activement contre-culturels dans leur approche de la dynamique familiale. L'époque où l'on vivait comme tout le monde en espérant que nos enfants s'en sortent est révolue.

Le modèle de la famille Benda oblige les parents à faire preuve de discernement. Les Benda n'ont pas renié la culture populaire, mais ils ont intelligemment sélectionné quelles parties de celle-ci ils voulaient transmettre à leurs enfants. La maison des Benda ne ressemble pas à une caserne spartiate : c'est un lieu rempli de livres, d'art et de vie. Ils ont compris qu'ils pouvaient être ouverts aux bonnes choses du monde qui les entoure parce qu'ils vivaient en famille une vie morale, intellectuelle et spirituelle disciplinée.

Ils ont cultivé cette ouverture sur le monde dans leurs actes. Václav Benda leur a montré que la famille n'existe pas pour elle-même, mais pour le service de quelque chose qui la dépasse. Kamila reçoit sur des fauteuils et des canapés où se sont assises tant de personnes invitées à partager la joie de la vie chrétienne de son clan qu'ils en sont tout usés. Il est vrai qu'il a fallu décider soigneusement qui laisser entrer, quoi dire et quoi taire, mais jamais Václav et Kamila Benda n'ont envisagé leur rôle en tant que chrétiens comme une réclusion, à la différence de tant de leurs coreligionnaires tchèques, mais plutôt comme le service actif de l'Église et du monde. Kamila, ses enfants et ses petits-enfants continuent de faire vivre cette idée après la mort de Václav.

Comme nous le verrons dans un prochain chapitre, la résistance chrétienne au totalitarisme s'est largement reposée sur la fraternité en petits groupes. S'il y a une vérité à laquelle la famille Benda et toutes les familles qui ont formé la conscience des dissidents anticommunistes rendent témoignage, c'est celle-ci : si vous voulez aimer et servir l'Église, votre communauté et votre nation, vous devez d'abord apprendre à aimer et à servir votre famille.

Chapitre 8

La religion, socle de la résistance

Tous les dissidents anticommunistes n'étaient pas chrétiens, et tous les chrétiens vivant sous le régime communiste n'ont pas résisté. Mais j'ai noté un fait intéressant : tous les chrétiens que j'ai interrogés pour ce livre, dans tous les pays de l'ex-bloc soviétique, dégageaient un sentiment de profonde paix intérieure – une paix qu'ils attribuent tous à leur foi, laquelle formait un socle sur lequel ils pouvaient se tenir fermement.

Après ce qui a été fait à leur famille, à leur Église, à leur pays et à eux-mêmes, on comprendrait qu'ils nourrissent une colère inextinguible. Si c'est le cas, ils le cachent bien. En Russie, un ancien prisonnier politique me disait que les chrétiens devaient avoir « un grand rêve, quelque chose qui leur donne envie de vivre, une certaine idée de l'espérance. On ne peut se satisfaire de s'opposer à ce qui est mauvais. Il faut se battre pour ce qui est bien. Sans cela, on court à la colère et à la folie ».

Voilà ce qu'apporte la religion à la résistance antitotalitaire : une bonne raison de mourir – c'est-à-dire une bonne raison de vivre au travers des souffrances infligées par le régime, et non seulement de vivre, mais de prospérer.

La valeur du christianisme, bien entendu, ne réside pas *uniquement* dans son utilité pour la lutte anticommuniste. Toute autre croyance, si elle est vécue avec l'intériorité passionnée d'une foi religieuse, peut avoir cette utilité. Si l'on est honnête, on reconnaîtra aux jeunes bolcheviques de l'ère tsariste d'avoir enduré leur triste exil sibérien avec un remarquable courage, parce qu'ils défendaient leurs principes avec une ferveur religieuse. Ce qu'il faut en retenir, c'est qu'une foi vécue non comme l'expression des sentiments, mais comme la description de la réalité objective est un bien inestimable. Elle permet de discerner la vérité du mensonge. Et pour ceux dont la foi est le christianisme, face à la haine et à la cruauté du monde, cette foi est la preuve que la Vérité des vérités, la Réalité des réalités, est l'amour éternel de Dieu.

Les exercices spirituels du prisonnier Krčméry

Sous le régime totalitaire tchécoslovaque, Silvester Krčméry compta parmi les disciples les plus importants du père Kolaković. Des années d'étude des Écritures, d'adoration et de pratique spirituelle personnelle sous les conseils du prêtre préparèrent ce jeune médecin à une longue peine de prison, qui commença par son arrestation en 1951.

Le fondement de son action de résistance tenait dans une ferme conviction : « Il ne pouvait rien y avoir de plus beau que de donner ma vie pour Dieu. » Quand cette pensée s'imposa à lui dans la berline de la police, quelques minutes après son arrestation, il éclata de rire. Ses ravisseurs n'étaient pas amusés. Mais en refusant de s'apitoyer sur son sort et en acceptant de recevoir ce que ses interrogateurs lui feraient comme une aide à son propre salut, Krčméry sauva sa vie spirituelle.

Derrière les barreaux, soumis à toutes sortes de tortures et d'humiliations, Krčméry (prononcer *karchméry*) a gardé sa santé mentale et son espérance en cultivant et en pratiquant sa foi de manière disciplinée et en évangélisant les autres.

Dans ses Mémoires, Krčméry écrit qu'après des passages à tabac, des tortures et des interrogatoires répétés, il se rendit compte que la seule façon pour lui de surmonter l'épreuve à venir était de s'appuyer entièrement sur la foi plus que sur la raison. Il prit un jour la décision d'être « comme Pierre, de fermer les yeux et de [s]e jeter à la mer ».

> Dans mon cas, cela signifiait plonger dans l'incertitude corporelle et spirituelle, un abîme où seule la foi en Dieu pourrait garantir la sécurité. Les choses matérielles habituellement considérées par les hommes comme des certitudes étaient fugitives et illusoires, tandis que la foi, que le monde pensait éphémère, était la plus fiable et la plus puissante des fondations.
> Plus je dépendais de la foi, plus je devenais fort[1].

Il avait une routine personnelle, mémorisant chaque jour un passage d'un Nouveau Testament qu'un détenu avait introduit clandestinement dans la prison. Les passages que Krčméry avait déjà appris avant le début de la persécution se révélèrent être une aide précieuse derrière les barreaux.

> Mémoriser des textes du Nouveau Testament fut une excellente préparation pour les temps de crise et la détention, écrit-il. Les mots les plus beaux et les plus importants que l'humanité ait de Dieu renferment un trésor inestimable que « les mites et les vers n'ont pas dévoré, que les voleurs n'ont pas volé en perçant les murs » (Mt 6,19).

Le médecin découvrit qu'imprimer les Écritures dans son esprit lui permettait de mieux vivre son emprisonnement.

> En effet, à mesure que la vie spirituelle s'intensifie, les choses deviennent plus claires et l'essence de Dieu se comprend plus aisément. Parfois, un mot ou une seule phrase des Écritures suffit à vous remplir d'une lumière spéciale. Une révélation,

1. Silvester Krčméry, *This Saved Us : How to Survive Brainwashing*, 1996, p. 81.

> une nouvelle signification s'impose et pénètre votre être intérieur, et elle y reste des semaines, des mois[2].

Krčméry structurait son temps, disait la messe catholique et parfois la liturgie orthodoxe. Il ne manquait pas de prier pour des personnes ou des groupes, y compris pour ses geôliers. C'était une façon d'ordonner l'oppressante étendue du temps, en particulier lorsqu'il se retrouvait à l'isolement. Krčméry et ses codétenus constatèrent avec étonnement, à plusieurs reprises, que les passages à tabac et les interrogatoires étaient plus faciles à endurer que les interminables périodes d'attente.

Il s'astreignait à des sessions de profonde méditation au cours desquelles il repensait à sa vie et à ses péchés, embrassant un esprit de repentance. Un jour, Krčméry se demanda s'il ne perdait pas son temps et n'alourdissait pas son fardeau émotionnel et psychologique en suivant quotidiennement ces exercices spirituels.

« J'ai essayé de vivre quelques jours sans aucun programme, mais cela n'a pas fonctionné, se souvient-il. Les jours où je ne songeais qu'à végéter et à me reposer furent en réalité les plus difficiles. »

Avec d'autres prisonniers, Krčméry chantait des hymnes et des litanies pour obtenir des grâces, y compris l'humilité et la volonté de tout supporter pour l'amour du Christ. Cette fraternité était partie intégrante de la spiritualité de la résistance chrétienne. Le père Kolaković avait enseigné à la Famille ce qu'il y avait de vertueux à dépasser les différences entre chrétiens et à vivre en frères. La captivité et la torture transformèrent cette idée en réalité pratique.

« En prison, personne ne reconnaissait de différences confessionnelles », écrit encore Krčméry.

On trouve le même principe dans le témoignage du pasteur luthérien Richard Wurmbrand et chez d'autres anciens captifs des communistes. Ce n'est pas un faux œcuménisme qui prétend que toutes les religions sont essentiellement les mêmes, mais plutôt une reconnaissance mutuelle qui, dans le contexte de la persécution,

2. *Ibid.*, p. 100.

concrétisant la « solidarité des brisés » de Jan Patočka, devient vitale pour la survie spirituelle.

Silvester Krčméry sortit de prison en 1964. Il passa les vingt-cinq années suivantes à poursuivre sa lutte contre le communisme. Avec d'autres vétérans de l'Église souterraine, il fut en 1988 l'un des principaux organisateurs de la manifestation des Bougies de Bratislava, le premier rassemblement de masse en Tchécoslovaquie en près de deux décennies, qui fit office de catalyseur à la révolution de Velours de 1989.

Le pouvoir de l'Église sans pouvoir

Patrick Parkinson, chrétien évangélique, est le doyen de l'une des meilleures facultés de droit d'Australie. Étudiant à Bratislava au début des années 1980, il a été témoin de la puissance spirituelle de l'Église souterraine. Dans un monde de désespérance, elle offrait quelque chose de rare et de précieux : une réelle espérance, pour laquelle beaucoup étaient prêts à risquer leur vie et leur liberté.

« L'Église de cette époque proposait une autre vision du monde, me dit le professeur Parkinson. Mes camarades d'université catholiques, en particulier, faisaient preuve d'un grand courage et d'une grande foi. Leur formation reposait sur la lecture quotidienne de la Bible et sur une prière, à 21 heures, pour l'Église souffrante. Ils prenaient des risques en se réunissant par petits groupes pour étudier les Écritures et prier ; le danger était réel, mais Dieu les a protégés de mille et une merveilleuses façons. »

Près de quarante ans plus tard, Parkinson voit dans les étudiants chrétiens slovaques de sa jeunesse un modèle pour rebâtir l'espérance par ces temps sombres et difficiles. « Il y avait une véritable faim de Dieu quand j'y étais, à mon avis causée en grande partie par une immense désillusion face au communisme, dit-il. Pour la désillusion face au matérialisme, il faudra sans doute attendre encore une ou deux générations. »

Quand elle viendra, les chrétiens qui auront promu, en paroles et en actes, une autre voie que celle du matérialisme hédoniste seront les fanaux qui guideront les égarés malmenés par la tempête.

Le père Dmitry Dudko, mort en 2004, était un prêtre orthodoxe russe qui tint tête aux autorités soviétiques avec un remarquable courage, au nom de l'Évangile. Au début des années 1970, il était devenu l'un des chrétiens dissidents les plus connus d'URSS. Il passa huit années au goulag pour avoir écrit un poème critiquant Staline – il avait été dénoncé par un de ses camarades séminaristes. Il fut finalement ordonné, mais il resta sous la surveillance du KGB.

Très touché par le fléau de l'alcoolisme causé par la détresse spirituelle en URSS, le père Dmitry se montra de plus en plus zélé. Il se mit à prononcer des homélies très audacieuses dans sa paroisse moscovite, dans lesquelles il appliquait l'enseignement chrétien aux problèmes de la vie réelle. Le bruit se répandit bientôt qu'il y avait à Moscou un prêtre qui n'avait pas peur de parler des vraies souffrances du peuple. Des foules se déplacèrent pour écouter le courageux prêtre. Quand l'Église officielle, contrôlée par le KGB, ordonna au père Dmitry de cesser d'agiter les fidèles par ses homélies, il les fit depuis chez lui.

Dans un livre consacré au père Dmitry, *The Last Man in Russia* [*Le Dernier homme de Russie*], publié en 2014, le journaliste Oliver Bullough cite un athée qui, après avoir écouté un de ses prêches, dit :

> L'immoralité de la société soviétique, son inhumanité et sa corruption, son absence de code moral ou d'idéaux crédibles, signifie que l'enseignement du Christ s'impose à ceux qu'il touche comme un brillant contraste. Il parle de la valeur de l'individu, d'humanité, de pardon, de douceur, d'amour[3].

Un autre témoin disait que « lorsque le père Dmitry répondait publiquement à nos questions, c'était comme une grande gorgée

3. BULLOUGH, *The Last Man in Russia*, p. 85.

d'eau ». Le prêtre répétait à ceux qui l'écoutaient qu'il fallait cultiver l'espérance de lendemains meilleurs, embrasser les souffrants et les guérir par l'amour. D'après Bullough, en 1973, les conférences du père Dmitry étaient connues du tout Moscou et attiraient des athées, des intellectuels, des chrétiens de toutes confessions, des juifs et même des marxistes.

Pourquoi? Parce qu'ils vivaient tous dans un système total qui prétendait avoir toutes les réponses aux questions de la vie. Le peuple était malheureux, perdu et souffrant. Il savait, pour vivre dans cette noirceur, que tout n'était que mensonge, et il était naturellement attiré par ceux qui lui paraissaient vivre à la lumière de la vérité.

Alexander Ogorodnikov était un leader respecté des jeunesses soviétiques qui, désabusé par le communisme, mit toute sa passion à servir l'Église en créant des groupes de discussion indépendants. Lorsque je l'ai rencontré à Moscou, il m'a raconté qu'à l'un de ces séminaires s'est présenté un vieil écrivain, qui s'est assis et s'est contenté d'écouter parler les jeunes chrétiens parler de leur foi – tous avaient été élevés dans l'athéisme au sein de bonnes familles soviétiques. Il ne disait mot.

« Finalement, il s'est levé et nous a dit que son père était un haut fonctionnaire du tsar. Il nous a dit : “Mes frères, vous n'avez pas idée de ce que vous faites. S'il y en avait eu seulement dix comme vous à Saint-Pétersbourg en 1917, la Révolution n'aurait pas eu lieu”, se rappelle Ogordonikov. Cet homme avait vécu le goulag. Il sentait qu'il était le bienvenu parmi nous. L'ambiance était très fraternelle. Ces séminaires étaient comme un feu de joie où venaient se réchauffer les cœurs orthodoxes gelés. C'était le sang qui coulait dans nos veines. C'était notre profession de foi. »

Viktor Popkov était l'un de ces jeunes Soviétiques désabusés qui avaient atterri dans le modeste mouvement chrétien de l'époque. J'ai rencontré cet orthodoxe pratiquant dans le centre de Moscou. Au début des années 1970, il ne s'intéressait aucunement à la foi. « Je vivais dans un marécage, à tâcher de trouver un lopin de terre sèche sur lequel me tenir », m'a-t-il expliqué.

La vie sous le communisme n'avait rien de réel. Le contrôle de l'État était total. C'est à la lecture de *L'Étranger* de Camus que Popkov s'est décidé à rechercher des liens fraternels avec des chrétiens. Camus était certes un athée, mais son roman poussa un jeune Russe vivant sous un État athée à chercher le Christ.

« Une question s'imposait à moi : quel est l'intérêt de vivre ? Si le Christ est réel, qu'est-ce que cela signifie pour moi ? C'est à ce moment-là que j'ai quitté la vie soviétique. Je ne suis pas le seul dans ce cas. »

Popkov se sentait de plus en plus attiré par l'Église. Le prêtre orthodoxe local ne voulait pas lui parler. Si le gouvernement découvrait qu'il avait parlé à un potentiel converti, il pouvait perdre son poste. Par le téléphone arabe, Popkov a entendu parler de groupes qui se réunissaient pour parler de la foi chrétienne. Malheureusement, s'il en entendait parler, le KGB l'entendait probablement aussi.

Si l'on se rendait toutefois aux réunions, le KGB faisait pression sur vos parents et vos professeurs pour que l'on renonce au christianisme. C'était une expérience pénible, « mais en même temps, c'est l'occasion de découvrir une nouvelle façon d'expérimenter la vie. Faire l'expérience de la foi, de la rencontre avec le Christ, c'est découvrir un sentiment nouveau, et la certitude que l'on ne redeviendra ce que l'on était avant pour rien au monde. On est prêt à supporter tout ce qu'on pourra subir. Rien ne vous y prépare vraiment, a-t-il poursuivi. Avoir une connexion vivante avec le Christ, c'est comme tomber amoureux. Vous ressentez soudainement quelque chose que vous n'aviez jamais ressenti auparavant et vous êtes prêt à faire des choses que vous n'aviez jamais faites auparavant. »

Dans le cas de Viktor Popkov, cela signifiait endurer des années de harcèlement de la part de la police secrète, jusqu'à une peine de prison en 1980.

« Vous allez peut-être trouver que je vais trop loin, mais les principes et les croyances que vous professez, vous devez être prêt à mourir pour eux. Alors seulement vous aurez la force de résister. Je ne vois pas d'autre manière. »

Cette vérité, le prêtre orthodoxe roumain George Calciu l'a exprimée devant les jeunes de Bucarest lors d'une de ses homélies du Carême de 1978 – une série de prises de parole qui lui a valu un deuxième passage en prison :

> Va, jeune homme, et dis la nouvelle à tous ceux que tu verras. Que la lumière de ton visage angélique brille à celle de la Résurrection, car aujourd'hui l'ange qui est en toi [...] a vaincu le monde en toi. Dis à ceux qui jusqu'à présent ont opprimé ton âme divine : « Je crois en la résurrection », et tu les verras se recroqueviller de peur, car ta foi les a vaincus. Dans leur panique et leur désespoir, ils te crieront : « Cette terre est ton paradis, et tes instincts sont ton royaume des cieux. »
> Ne t'arrête pas en chemin, mais poursuis, brillant et pur, et apporte à tous la lumière de cette Résurrection lors du premier des sabbats. Tu es, mon ami, l'unique porteur de ta déification en Jésus Christ, et en même temps que tu t'élèves, tu élèves le peuple roumain tout entier jusqu'à sa propre résurrection. De la mort à la vie et de la terre au ciel[4] !

Peu de temps après cette homélie, la dictature roumaine a condamné le père George à dix ans de prison. Il en a purgé cinq avant d'être relâché et exilé aux États-Unis par le régime.

Le miracle des cigarettes

Croire que Dieu existe, c'est croire que les miracles sont possibles. Les chrétiens ont pour eux leur foi, mais il arrive que Dieu leur envoie un message pour leur rappeler qu'il existe et qu'il ne les a

4. George CALCIU, *Interviews, Homilies, and Talks*, Platina, St. Herman of Alaska Brotherhood, 2010, p. 187.

pas abandonnés. Autour du thé que nous partageons dans le hall d'un hôtel de Moscou, Alexander Ogorodnikov m'a raconté une histoire extraordinaire qu'il a vécue lors de son arrivée dans une prison soviétique, un fait improbable qui le convainquit que Dieu l'avait placé dans ce misérable cachot pour une cause supérieure.

« Quand on m'a mis dans ma cellule, j'ai salué les autres détenus en leur disant : “La paix soit avec vous !”, se souvient Ogorodnikov. L'un d'eux m'a demandé si j'étais chrétien, à quoi j'ai répondu oui. Il m'a demandé de le prouver. Un autre détenu a renchéri : “Nous sommes la lie de l'humanité. Nous n'avons même pas de cigarettes. Si ton Dieu nous en donne, nous voudrons bien croire en lui.” »

Ogorodnikov a répondu que le corps était le temple de l'Esprit et que fumer lui faisait du tort, mais que Dieu les aimait tellement que, d'après lui, il serait prêt à leur accorder des cigarettes en signe de sa miséricorde. Ogorodnikov leur a demandé de se lever et de prier ensemble. Ses codétenus ont ri, d'abord, mais ils se sont tus respectueusement lorsqu'il a entamé sa prière.

« Nous étions très nombreux dans cette cellule, mais le silence est alors tombé. Nous avons prié pendant quinze minutes, puis je leur ai dit que la prière était terminée et qu'ils pouvaient se rasseoir. À ce moment précis, les gardes ont ouvert la porte de la cellule et y ont jeté un paquet de cigarettes.

— C'est vraiment arrivé ? ai-je demandé au comble de l'étonnement.

— Oui, vraiment. C'était incroyable. C'était le signe pour lequel j'avais prié. Les prisonniers se sont mis à crier : “Dieu existe ! Il existe !” Et c'est à ce moment-là que j'ai compris que Dieu s'adressait à moi aussi. Il me disait qu'il avait une mission pour moi dans cette prison.

Alexandre Ogorodnikov a ainsi commencé sa vie, caché derrière les murs du système carcéral soviétique. Mais il n'était pas caché de Dieu. Et pour cette raison, comme l'apprendrait le dissident chrétien, Dieu s'est manifesté, à travers sa fidélité, à ceux qui, condamnés à mourir devant un peloton d'exécution, n'attendaient plus un signe d'espérance. La connexion d'Ogorodnikov à Dieu allait être, pour ces pauvres âmes, la seule bouée de sauvetage.

Voir. Juger. Agir

Le temps approche des épreuves et de la douleur, et même de la persécution. La foi des chrétiens tièdes ou peu sincères n'en sortira pas intacte. Les chrétiens d'aujourd'hui doivent approfondir leur connaissance de la Bible et de la tradition de l'Église, s'instruire pour comprendre comment et pourquoi le monde postchrétien, avec son égocentrisme, sa quête du bonheur et son rejet de tout ordre sacré et de toute valeur transcendante, est une religion rivale du christianisme authentique. Nous devons également identifier quelles valeurs du monde ont été absorbées dans la vie et la pratique chrétiennes.

Ensuite, nous devons juger : comment le monde, ses manières et ses exigences, entre-t-il en conflit avec ce que le Christ exige de ses disciples ? Sommes-nous des admirateurs ou des disciples ? Comment le savoir ?

La réponse, nous l'aurons en agissant – ou en ne parvenant pas à agir – en chrétiens quand la fidélité à notre foi nous coûtera le plus. Ce peut n'être au début qu'une petite chose : perdre sa place dans une équipe de sport parce que nous ne pouvons pas jouer le dimanche matin, s'aliéner le respect de ses pairs en refusant telle ou telle manifestation politique. Mais les demandes auxquelles nous devons faire face vont aller s'intensifiant, et les conséquences de l'insoumission au monde vont empirer. C'est ce qu'expliquait le père Kolaković à la Famille, et c'est ce qu'il nous faut entendre aujourd'hui.

Nous servons un Dieu qui a créé toutes choses dans un but. Il nous a montré dans la Bible, en particulier dans les Évangiles, qui nous sommes et comment nous devons vivre pour être en harmonie avec l'ordre sacré, sa création. Il ne veut pas d'admirateurs mais des disciples. Par Jésus Christ, la deuxième personne de la Sainte Trinité, Dieu a souffert avec l'humanité pour la racheter. Il nous appelle à partager sa Passion, pour nous et pour le monde. Il ne nous promet rien, sinon la croix. Pas le bonheur, mais la joie de la béatitude. Pas de richesse matérielle, mais la richesse de l'esprit. Pas la liberté sexuelle sous forme d'abandon érotique, mais la liberté sexuelle qui s'épanouit dans une promesse, dans l'amour et le sacrifice mutuel. Pas le pouvoir mais l'amour ; pas la conquête de soi mais l'obéissance.

Voilà la religion rivale et inflexible que le monde postchrétien ne tolérera plus très longtemps. Si votre engagement envers le christianisme traditionnel n'est pas solide, alors le monde vous brisera. Mais s'il l'est, alors il sera le roc sur lequel ce monde viendra se briser. Et si tous ces rocs sont réunis, alors ils formeront un mur solidaire que l'ennemi ne pourra pas franchir.

Chapitre 9

Rester solidaires

Maintenant, pour la première fois, vous allez voir des gens qui ne sont pas des ennemis. Maintenant, pour la première fois, vous allez voir d'autres êtres vivants qui font la même route et que vous allez pouvoir englober avec vous dans ce mot joyeux : nous.

Alexandre Soljénitsyne décrivant l'arrivée en prison,
L'Archipel du Goulag[1]

C'est une maison qui ressemble à toutes les autres dans cette rue banale de la banlieue de Bratislava. Nous traversons la pelouse chargée de meubles de jardin et de jouets d'enfants. Ján Šimulčik, historien slovaque spécialiste de l'Église souterraine, frappe à la porte. Il a organisé pour moi, avec la mère qui vit ici avec son mari et ses enfants, une visite afin de me montrer ce qui distingue cette maison de toutes les autres du quartier.

Dans les années 1980, elle était l'un des centres d'impression et de distribution du *samizdat* chrétien – la littérature clandestine interdite par le régime communiste. Šimulčik, aujourd'hui la cinquantaine, faisait partie du mouvement alors qu'il était étudiant. Un prêtre catholique clandestin vivait alors ici, qui se faisait passer pour un ouvrier. Šimulčik et une poignée d'autres

1. Alexandre Soljénitsyne, *L'Archipel du Goulag*, Éditions du Seuil, 1974-1976, chap. 5.

étudiants catholiques venaient à intervalles réguliers pour trier et emballer les documents du *samizdat* et les distribuer.

On me conduit le long d'un escalier de béton en ruine qui mène à un sous-sol. C'est un sous-sol comme tous les sous-sols du monde : quelconque, humide et plutôt frais. Je demande ce que nous faisons là.

L'universitaire soulève alors un panneau que je n'avais pas remarqué, révélant un trou assez grand pour qu'un homme puisse s'y glisser, et des échelons de fer encastrés dans le mur. Šimulčik y descend, me faisant signe de le suivre.

Arrivés en bas, nous nous engageons dans un court tunnel. Accroupi pour avancer dans l'espace exigu, je suis Šimulčik et remonte avec lui le long des barreaux du puits de sortie. Nous émergeons dans une petite pièce à peine plus grande qu'un placard. Il y a une table contre le mur sur laquelle repose une presse offset de 1980.

Dans cette chambre secrète, sous la maison, derrière un mur secret du sous-sol, accessible uniquement par un tunnel caché, des chrétiens dissidents ont imprimé des évangiles, des livres de prières et des catéchismes pour les distribuer clandestinement dans la Slovaquie communiste. La presse était un cadeau fait à des catholiques par des chrétiens évangéliques des Pays-Bas, lesquels la firent passer par la contrebande en pièces détachées, avant d'envoyer une équipe la remonter dans la salle souterraine.

Après la chute du communisme en 1989, l'opération a pris fin et le prêtre qui vivait là a quitté la maison. Mais les propriétaires qui lui ont succédé ont conservé cette petite pièce pour se rappeler jusqu'où certains étaient allés pour sauvegarder la foi sous le joug du totalitarisme.

« Il y avait dans mon université un homme qui réparait les ascenseurs, me raconte Šimulčik alors que nous nous tenons dans la petite chambre, nos têtes touchant presque le plafond. Il avait souvent les mains tachées. Je pensais que c'était dû à la graisse et à la saleté des ascenseurs, mais c'était en réalité dû à l'encre qu'il utilisait pour imprimer le *samizdat*. Son travail était la couverture parfaite. »

Étudiant, Šimulčik savait que le réparateur était lié aux chrétiens souterrains, mais pas dans quelle mesure. C'était voulu. L'organisation clandestine ne partageait l'information que sur le principe du besoin d'en connaître, de sorte que les personnes arrêtées par la police secrète ne puissent pas compromettre les opérations si elles étaient interrogées. Šimulčik n'apprit qu'après la chute du communisme que pendant toutes ces années, alors que lui-même, à l'étage, éditait le *samizdat*, le réparateur d'ascenseurs était au sous-sol des heures durant, dans cette chambre aux allures de tombeau, imprimant les mots de la vie au péril de sa propre liberté.

Tous les participants auraient été envoyés en prison si la police secrète avait découvert le réseau. Tout en me détaillant le fonctionnement précis de leurs opérations, Šimulčik souligne les risques extraordinaires que les chrétiens clandestins prenaient pour publier ces documents. Pourquoi y a-t-il participé ? lui demandé-je. Il aurait pu tout perdre.

« Quand vous posez cette question, vous vous demandez en fait où nous trouvions le sens de l'Église souterraine, me répond-il. C'était dans les petites communautés. Il n'y a que dans les petites communautés que les gens pouvaient se sentir libres. Lorsque vous vous y retrouviez avec vos amis, vous connaissiez la liberté. On savait que dehors, c'était le totalitarisme, qui contrôlait tout et nous opprimait tous. Ceux qui, comme moi, aspiraient à la connaissance et à la liberté et cherchaient à en savoir plus sur leur foi, dépendaient de ces petites communautés. Elles étaient bien organisées et nos chefs étaient solides. C'était le seul endroit où nous pouvions trouver ce à quoi nous aspirions. D'abord, j'y ai participé pour faire l'expérience de la liberté personnelle, mais c'était en fait lié au Christ. Après avoir pris goût à la liberté dans ces communautés, nous en sommes peu à peu venus à lutter pour la liberté de tous. »

Le premier sentiment qui les touchait, lui et les membres de sa cellule, tous de jeunes hommes catholiques, était la peur. Seul un fou n'aurait pas eu peur.

« La question est de savoir lequel va gagner du courage ou de la peur. Au début, c'est la peur qui domine. Mais une fois que vous avez commencé à faire l'expérience de la liberté – et on la sentait, on *ressentait* la liberté à travers chacun de nos actes – votre courage grandit. Tout cela, nous l'avons vécu ensemble. Nous nous aidions les uns les autres à rassembler progressivement le courage de faire de grandes choses, comme nous joindre à la manifestation des Bougies », l'énorme rassemblement chrétien de 1988 qui allait donner naissance un an plus tard à la révolution pacifique qui mit fin au communisme.

« En même temps que notre courage se sont développés notre sens du devoir et notre envie de nous mettre au service des autres, poursuit l'historien. Nous pouvions voir les fruits de notre travail, tenir les livres du *samizdat* entre nos mains, constater que les gens les lisaient et apprenaient. Nous voyions ce que nous accomplissions au service de Dieu et des hommes. Mais il nous a fallu des années pour mesurer toute l'étendue des conséquences de notre engagement et pour voir nos communautés grandir. »

Les petites communautés, refuges pour l'individu esseulé

František Mikloško, aujourd'hui septuagénaire, fut l'une des figures centrales de la deuxième vague de l'Église souterraine slovaque. Lors du déjeuner que nous avons partagé dans un restaurant de Bratislava, il m'a fait part des conseils qu'il souhaitait donner aux jeunes chrétiens d'aujourd'hui, confrontés à un type de défi très différent de ce que lui-même avait connu plus jeune.

« Quand je leur parle aujourd'hui, je leur dis que c'est, en un sens, plus difficile pour eux que ça ne l'était pour nous, car il est moins aisé d'identifier l'ennemi. Je leur dis que le plus crucial est de rester fidèle à soi-même et à sa conscience, et de former une communauté avec ceux qui partagent les mêmes idées, la même foi. Nous-mêmes avons trouvé le salut dans de petites communautés. »

Dans sa jeunesse, Mikloško était un proche collaborateur de Mgr Ján Chryzostom Korec, un évêque de l'Église souterraine créé cardinal par le pape Jean-Paul II après la chute du communisme, qui insista tout au long de son ministère sur l'importance des petites communautés.

« Il nous disait que les communistes pouvaient tout nous prendre. Nous retirer le *samizdat*. Nous ôter toute possibilité de parler publiquement. Mais que nous ne devions surtout pas les laisser nous prendre nos petites communautés. »

Mikloško est entré à l'université de Bratislava en 1966. C'est là qu'il a fait la rencontre de Krčméry et Jukl, récemment libérés de prison. Il est devenu membre de la première petite communauté fondée par ces deux disciples de Kolaković. Des chrétiens comme Krčméry et Jukl apportaient aux jeunes non seulement leur expertise de la résistance chrétienne, mais le témoignage de leur propre force de caractère. Tels des aimants, ils exerçaient un puissant attrait sur les jeunes idéalistes.

« C'est comme dans la Bible, dans l'épisode des dix justes, m'expliquait Mikloško. Certes, la Slovaquie en comptait bien plus, mais dix auraient suffi. Vous pouvez construire un pays tout entier sur dix justes, qui sont comme des piliers, comme des monuments. »

Ces premiers convertis ont étendu le sens de la communauté à d'autres villes slovaques, comme l'avait fait précédemment la génération de Kolaković. Bientôt, ils ont été des centaines de jeunes croyants qui se soutenaient les uns les autres par des réunions de prière, le *samizdat* et la pratique de la fraternité.

« Finalement, en 1988, la police secrète m'a appelé pour me dire : "M. Mikloško, ça suffit. Si vous ne mettez pas immédiatement un terme à vos activités, nous serons contraints d'agir." Mais le mouvement était devenu si important qu'elle n'a pas réussi à l'arrêter.

« Si elle s'y était prise dans les années 1970, elle y serait parvenue. Mais nous avons toujours gardé à l'esprit que l'objectif était de transformer notre petit nombre en un réseau si grand que personne ne pourrait l'arrêter. Dieu merci, nos dirigeants nous ont appris la patience.

« La plupart d'entre nous avaient peur. Mais certains parmi nous agissaient comme s'ils y étaient totalement imperméables. Je pense notamment à Silvo Krčméry, à Vlado Jukl ou à Mgr Korec, mais il y en avait des centaines, voire des milliers d'autres, explique Šimulčik. Les jeunes comme moi les ont pris en exemple et ont pu grandir en courage. La leçon à retenir, c'est que lorsque vous *voyez* quelqu'un agir courageusement, vous agirez courageusement à votre tour. »

Dans beaucoup de liturgies traditionnelles, la nuit de Pâques, les fidèles, une bougie éteinte à la main, se tiennent dans l'obscurité totale. Le prêtre prend la flamme du cierge pascal et la transmet aux fidèles du premier rang, lesquels la font ensuite passer à ceux qui les entourent. En quelques minutes, des dizaines, des centaines, et dans les plus grandes cathédrales, des milliers de petites flammes illuminent la nef naguère sépulcrale. C'est la lumière qui précède la proclamation de la Résurrection.

C'est de la même façon qu'en 1988, les chefs de l'Église souterraine, petits-enfants spirituels du père Kolaković, ont organisé la manifestation des Bougies – la plus grande protestation de Tchécoslovaquie depuis les années 1960. La police a utilisé des canons à eau afin de disperser les milliers de chrétiens rassemblés pacifiquement sur la place principale de Bratislava pour prier pour les libertés religieuses et civiles. Mais il était déjà trop tard pour les communistes. Le grand élan populaire était lancé. En moins de deux ans, c'en était fini du communisme.

« J'ai connu une ascension plus rapide qu'aucun politicien européen moderne, plaisante l'avocat slovaque Ján Čarnigurský, ancien prisonnier politique et organisateur de la manifestation des Bougies. Je suis sorti de prison et, deux semaines plus tard, j'étais assis à la même table que Václav Havel pour négocier la passation du pouvoir avec les communistes. »

Les petits groupes, bouées de sauvetage pastorales

L'instinct du père Kolaković de faire du laïcat catholique une source de résistance se révéla un coup de génie.

« L'Église catholique officielle et approuvée se limitait aux seules églises, d'après Ján Čarnigurský, qui défendaient des dissidents devant les tribunaux. Si l'on découvrait que vous aviez accueilli chez vous un prêtre pour prier avec lui, vous subissiez une peine d'emprisonnement. C'était contraire au Code pénal. Il a fallu pas moins de vingt ans pour que l'Église catholique comprenne comment maintenir la foi vivante dans de telles conditions, et ce, grâce à l'Église souterraine. »

En Russie soviétique, les évangéliques s'étaient habitués depuis des décennies à ces stratégies de survie. Le pasteur baptiste Yuri Sipko, aujourd'hui âgé de soixante-huit ans, se rappelle le monde dans lequel il est né, un monde où ses parents et leurs amis devaient endurer les impitoyables persécutions staliniennes.

« Les attaques les plus violentes ciblaient les prédicateurs et les pasteurs. Ils ont été jetés en prison, et d'autres ont pris leur place, me raconte Sipko. Puis les lieux de culte ont été confisqués. C'est à ce moment-là que l'on a commencé à pratiquer le rassemblement en petits groupes de voisins. Il n'y avait plus de structure formelle avec des pasteurs ou des diacres. Plus que des frères et des sœurs qui lisaient la Bible ensemble, priaient et chantaient.

« Quand ils ont emprisonné mon père, ma mère est restée seule, poursuit-il. Plusieurs autres femmes se sont retrouvées sans leur mari. Nous nous sommes rapprochés les uns des autres. Nous avions caché une Bible que les femmes nous lisaient. Elles nous disaient comment vivre et où placer notre espérance. Elles priaient et pleuraient ensemble. »

Ces petits groupes ont permis à l'Église baptiste de survivre des décennies durant, jusqu'à la libération par Gorbatchev de leurs derniers prisonniers.

« En soixante ans de terreur, ils n'ont pas réussi à se débarrasser de notre foi, se réjouit le pasteur. Précisément grâce à ces petits groupes. Il n'y avait pas de littérature, pas de structure d'enseignement ; nous déplacer même était défendu. Les fidèles copiaient les textes bibliques à la main, ainsi que leurs chants. Je me souviens avoir moi-même rempli des cahiers. C'est de cette façon que nous avons préservé la vraie foi. »

Au-dessus d'une tasse fumante de thé noir, le pasteur s'abîme dans ses réflexions. Son émotion est palpable.

« Beaucoup d'entre nous n'avaient pas de Bible. Notre motivation première était la perspective de nous retrouver en groupe pour écouter l'un de nous lire les Écritures. C'était notre petit moment de liberté. À l'usine, dans la rue, partout, Dieu était absent. »

Aujourd'hui, il est facile de se procurer une Bible en Russie, de se réunir pour le culte, de lire des enseignements religieux sur Internet. Pourtant, il y a quelque chose que les chrétiens contemporains ont perdu, d'après le vieux pasteur, quelque chose que ces petits groupes chérissaient particulièrement.

« Le christianisme est devenu un fondement secondaire de la vie des gens. Il n'en est plus le principal. Maintenant, ce qui compte, c'est la réussite professionnelle et matérielle, la place dans la société. Dans les petits groupes de l'époque, le centre, c'était le Christ et sa parole que nous lisions, interprétions et cherchions à appliquer à notre propre vie. Qu'étions-nous censés faire en tant que chrétiens ? Agissions-nous en chrétiens ? Mes frères et moi examinions notre propre fidélité à la foi. »

Ces petits groupes permettaient d'exacerber le sens des responsabilités, mais ils donnaient également aux croyants un lien tangible avec le corps vivant du Christ. « C'était merveilleux. C'était le vrai christianisme. »

Sipko m'a appris qu'aujourd'hui, en Russie, certains évangéliques sont revenus aux modes de vie de leurs prédécesseurs qui vivaient sous le communisme, même en dépit des nouvelles libertés (religieuses ou autres) acquises depuis la disparition de l'URSS en 1991. « Ils comprennent bien que leur foi au Christ signifie qu'ils doivent rejeter ce monde sécularisé, explique-t-il devant mon étonnement. Même sous le régime moderne de la liberté, nous devons vivre souterrainement. »

Les chrétiens occidentaux ne courent pas le risque de se voir défendre la pratique de leur religion, mais il est possible et même fort probable que les Églises institutionnelles et leurs responsables continuent d'être inadaptés au défi de former efficacement leurs fidèles à la résistance. Voilà pourquoi de petits groupes très engagés, comme ceux de l'ère soviétique, sont indispensables.

Ils ne sont pas une nouveauté. Il y a longtemps qu'aux États-Unis les congrégations évangéliques et charismatiques se réunissent en petits groupes en dehors du culte formel pour prier et vivre leur foi ensemble. L'expérience de l'Église sous le communisme et une lecture attentive des signes des temps nous apprennent que les chrétiens, quelle que soit leur dénomination, devraient s'atteler à former ces cellules, non simplement pour approfondir leur vie spirituelle, mais pour se former à la résistance active.

La solidarité n'est pas uniquement chrétienne

Aussi important qu'il soit pour les chrétiens de renforcer leurs liens les uns avec les autres, ils ne doivent pas négliger de nourrir des amitiés avec des personnes de bonne volonté qui ne partagent pas leur foi. Dans la partie tchèque de la Tchécoslovaquie, les dissidents chrétiens maintenaient un contact étroit avec leurs alliés athées bien plus nombreux.

Pour l'avocat Ján Čarnigurský, « peu de gens, d'une façon générale, voulaient se dresser face au communisme. Il fallait trouver des alliés là où on le pouvait. La police secrète s'efforçait de séparer les libéraux athées et les chrétiens, comme elle essayait de diviser les Tchèques et les Slovaques. Elle a échoué parce que les chefs du mouvement nouaient des amitiés au-delà des divergences d'opinion ».

Dans la région slovaque, František Mikloško est entré en contact avec les libéraux, non parce qu'il le devait, mais parce qu'il le voulait.

« À ce jour, je communique encore avec le monde libéral et athée, car j'enrichis ainsi mes opinions, dit-il. Il est important pour moi d'avoir bien conscience de mes racines et d'être ferme dans mes convictions. De connaître mes valeurs. Mais je ne peux rompre le contact avec le monde libéral, car c'est courir le risque de la dégénérescence. »

Les liens étroits noués par Mikloško avec des écrivains et des artistes athées l'ont aidé à comprendre le monde qui existait au-delà des cercles de l'Église, et de réfléchir de façon critique à sa propre action et à celle des résistants chrétiens. D'après lui, certains artistes libéraux étaient capables de percevoir et de décrire l'essence du communisme mieux que ne l'auraient fait les chrétiens. Cette capacité fut indispensable à leur survie et à leurs succès sous l'oppression.

À l'époque communiste, les libéraux athées partageaient avec les chrétiens la conviction que le communisme était un mensonge destructeur. Aujourd'hui pourtant, ai-je objecté à Mikloško, la plupart de ceux qui, à gauche, se définissent comme libéraux semblent penser que l'oppression exercée sur les croyants est justifiée, voire nécessaire, quand bien même elle serait fondamentalement illibérale.

Il faut bien voir aussi, m'a-t-il répondu, que les libéraux de bonne foi ont des choses à apprendre de nous – et que cela leur serait impossible si nous mettions fin à tout contact avec eux.

« J'ai passé toute ma vie entouré de libéraux. Il venait toujours un moment dans leur vie où ils désiraient discuter de sujets plus profonds. Où ils se rendaient compte qu'ils étaient à la recherche de quelque chose qui leur manquait, et qu'ils avaient besoin de quelqu'un à qui parler. Nous autres chrétiens devons prendre notre place dans le monde, et être prêts pour le moment où cela se produira. »

Sous l'ère communiste, un intellectuel libéral de renom, connu pour son athéisme, a un jour demandé à Mikloško, discrètement, de l'emmener à l'église. « Il m'a expliqué qu'il avait essayé de prier chez lui, mais que ça ne fonctionnait pas. Il voulait essayer l'église. Il m'a dit : "Je tâcherai de faire exactement comme vous, pour voir si cela change quelque chose." »

En d'autres termes, soyons doux et aimables avec les autres, car nous ne savons jamais quand nous aurons besoin d'eux ou eux de nous.

Que faire dans un monde où l'on ne sait jamais qui est digne de confiance? Première solution : se retirer dans des cercles de confiance. Deuxième solution, plus risquée il est vrai : ne pas s'en faire et être bienveillant dans tous les cas.

« Le père Jerzy savait que la société tout entière était infiltrée par des agents communistes. Le prêtre qu'il avait pour voisin était un agent communiste. Celui qui a annoncé sa mort ici même, dans l'église, était un agent communiste, m'apprend Paweł Kęska, conservateur du musée Popiełuszko. Mais le père Jerzy répétait ceci, et c'est important : "Ne vous inquiétez pas de savoir qui est un agent et qui n'en est pas un. Vous courez le risque de voir la communauté que vous formez se déchirer." »

Keska me raconte l'histoire d'un homme qui s'est un jour rendu chez le père Jerzy pour lui livrer un colis. Il a fini par rester vivre à ses côtés pendant trois ans, jusqu'à sa mort. Il était athée, mais avec le temps, son intérêt pour la foi a grandi. Un jour, il a posé au prêtre une question précise sur la Bible. Le père Jerzy lui a répondu, en le traitant non comme un converti potentiel, mais comme un être humain.

« En matière de survie, le plus important est peut-être tout bonnement la fidélité, vécue non comme une évangélisation directe d'autrui, mais comme le développement de relations honnêtes avec lui, sans chercher à savoir s'il est bon ou mauvais, sans le juger sur son idéologie, conclut Kęska. Le père Jerzy était constamment observé par la police secrète qui campait juste devant sa maison. Au plus froid de l'hiver, il apportait du thé chaud aux policiers qui grelottaient dans leur voiture. Parce qu'ils étaient des hommes, tout simplement. »

Alléger le fardeau du chagrin

Vakhtang Mikeladze est un réalisateur de documentaires géorgien bien connu dans son pays. D'un âge avancé, il dégage toujours une énergie théâtrale un peu anachronique. Toute visite dans son appartement de Moscou implique de lever plus d'un verre d'eau-de-vie dans de vibrants toasts. Et elle vous fait voir un monde de souffrance presque impensable.

Le père de Mikeladze, Evgeni, était un célèbre chef d'orchestre de Tbilissi qui eut le malheur de déplaire à Staline. En 1937, il fut arrêté, torturé et abattu par le NKVD, le prédécesseur du KGB. Vakhtang, alors âgé de quinze ans, et sa sœur de dix-sept ans ont été placés en garde à vue en vertu d'une loi qui punissait systématiquement la famille des « traîtres à la patrie ».

Au cours de la longue et émouvante conversation que nous avons eue, Vakhtang s'est ouvert de la honte qu'il porte toujours en lui, mais sans donner de détails. Ce n'est qu'à la fin où, en larmes, il m'a raconté la nuit où la police secrète est venue pour attraper les adolescents Mikeladze.

« Quand ils nous ont arrêtés, ma sœur et moi, nous étions terrifiés, raconte-t-il. Ils nous ont assis à l'arrière d'un camion, et mis ma tante dans une voiture avec un soldat. Tout le monde était là qui regardait, en larmes.

« Tandis que nous roulions, ma sœur et moi, assis l'un en face de l'autre, nous ne nous quittions pas du regard. Nous étions chacun flanqué d'un soldat. Puis nous avons entendu que d'autres camions nous rejoignaient sur la route. Nous formions une longue caravane de prisonniers. Quand elle s'en est rendu compte, ma sœur m'a regardé et m'a souri, et je lui ai rendu son sourire. Nous comprenions qu'au moins nous n'étions pas seuls. »

Ses larmes ne s'arrêtent plus. Le vieil homme marmonne doucement : « J'ai honte du soulagement que j'ai ressenti à ce moment-là. »

Si douloureux que soit ce souvenir pour Mikeladze, qui passa ensuite de longues années au goulag, il témoigne de l'importance de la camaraderie dans l'épreuve. Le père Kirill Kaleda m'a raconté l'histoire de saint Alexei Mechev, un prêtre moscovite mort en 1923. Quand la femme du père Alexei mourut de maladie, c'est seul qu'il dut élever leurs six enfants. Désemparé, il alla chercher conseil auprès du père Jean de Cronstadt, canonisé par l'Église orthodoxe après sa mort en 1909, qui lui dit ces mots : « Joignez votre chagrin au chagrin des autres, et vous verrez qu'il sera plus facile à porter. »

Le père Alexei s'y attela donc. Il devint un pasteur renommé, un père spirituel et un conseiller pour tous les écorchés. À sa mort en 1923, le régime bolchevique autorisa Tikhon, le patriarche de Moscou, à sortir de sa prison pour célébrer ses funérailles. Un fils d'Alexei, Sergei, s'engagea à son tour dans la prêtrise avant d'être emprisonné pour sa foi et exécuté par les Soviétiques en 1944. Père et fils sont aujourd'hui canonisés. Leur icône se trouve au-dessus de la cheminée de mon salon.

Mária Komáromi, qui enseigne à l'université de Budapest, m'a décrit la très grande solitude qu'elle a remarquée chez ses étudiants. Elle repense aux années communistes, quand elle et son défunt mari tenaient des réunions en petits groupes avec des jeunes chrétiens dans leur appartement de la capitale. Ces séances étaient une aide précieuse pour les jeunes en difficulté, se souvient-elle. Sans doute ceux d'aujourd'hui ont-ils besoin de quelque chose de semblable.

« La première étape, bien sûr, c'est de reconnaître cette solitude, dit-elle. Le fait d'avoir une foule d'amis sur les réseaux sociaux cache le problème à la jeunesse. Il faut contrebalancer cette solitude. Par exemple en formant de petites communautés, peu importe autour de quel projet. »

Sir Roger Scruton, qui avait aidé les Tchèques à construire la résistance intellectuelle, soulignait l'importance de créer des petits groupes où s'engager ; non pas nécessairement des communautés religieuses, mais des clubs, des chorales, des groupes sportifs, etc. Le but est de trouver quelque chose qui vous tire hors de vous-même pour découvrir votre valeur en vous confrontant à l'autre, et apprendre à accepter la discipline qui découle de la responsabilité envers autrui et de la fidélité à un objectif commun. Václav Benda, bien que chrétien, n'a cessé d'œuvrer au rassemblement de ses compatriotes, quelle qu'ait été leur foi, autour de projets très divers, ne serait-ce que pour défier la peur et l'atomisation dont dépendait le régime totalitaire pour imposer sa règle.

Komáromi est du même avis : notre rébellion contre l'atomisation contemporaine doit bien démarrer quelque part. L'individu qui s'imagine pouvoir lutter seul contre le système se fera écraser.

S'organiser maintenant, tant qu'on le peut

Zofia Romaszewska est une véritable héroïne de la Pologne moderne. Elle et son défunt mari Zbigniew étaient des universitaires, militants du syndicat Solidarnosc. Ils ont rejoint ensemble le combat pour la liberté et les droits de l'homme dans les années 1960, en organisant chez eux des réunions de dissidents. Quand le régime communiste a déclaré la loi martiale en 1980 dans un effort pour briser Solidarnosc, Romaszewska et son mari se sont cachés et ont fondé la station clandestine Radio-Solidarité. Elle a fini par être arrêtée, puis amnistiée après quelques mois.

Aujourd'hui âgée de quatre-vingts ans, Romaszewska, figure incontournable de la résistance anticommuniste, n'a pas perdu son étincelle et sa ténacité de combattante de rue. Après cinq minutes de conversation avec elle dans son appartement de Varsovie, il est clair pour moi qu'aucun commissaire, devant la flamme de cette grande dame, n'avait la moindre chance de l'emporter.

Sans surprise, Romaszewska est intraitable sur le sujet de la solidarité. Percevant le danger pressant du *soft* totalitarisme, elle exhorte les jeunes à lâcher Internet pour se retrouver face à face et construire ainsi la résistance.

« De mon point de vue, c'est là qu'est le noyau, l'essence de tout : former ces communautés et des réseaux de communautés, dit-elle. Tout type de communauté que vous pouvez imaginer – la seule chose qui importe, c'est que ses membres soient tenus de s'entraider quoi qu'il arrive. Sans forcément aller jusqu'à se préparer à donner sa vie pour l'autre : il faut avant tout se trouver des points communs et faire des choses ensemble. »

Voir. Juger. Agir

L'atomisation de la vie contemporaine a rendu la plupart d'entre nous vulnérables à la démoralisation, donc à la manipulation. Les chrétiens sont logés à la même enseigne que les autres. Il est facile pour eux aussi de se sentir seuls, même lorsqu'ils sont réunis autour du culte. Parce qu'ils sont indifférents à la solidarité et s'abandonnent à la nouvelle norme de désintégration sociale, ils permettent à ceux qui sont au pouvoir, et qui les haïssent, de les contrôler plus facilement.

Nous avons désespérément besoin de nous débarrasser des chaînes de la solitude et de trouver la liberté que seule peut nous apporter la fraternité. Le témoignage des dissidents anticommunistes est clair : il n'y a que dans la solidarité avec autrui que nous pouvons trouver la force spirituelle et communautaire de résister. Plus nous restons isolés dans une ère de liberté, plus il sera difficile de nous rassembler quand viendra le temps de la persécution. Nous devons voir dans nos frères et sœurs non le fardeau de l'obligation, mais une bénédiction, la libération de la solitude, de la suspicion et de la défaite.

Il peut être ardu de discerner l'opportunité des liens fraternels, faire confiance à la mauvaise personne pouvant vous mener en prison. Certains, comme le père Jerzy Popiełuszko, sont restés ouverts à tous, mais la plupart des dissidents chrétiens se sont astreints à une extrême prudence, car leur sécurité, mais aussi le bien de tout leur mouvement étaient en jeu. Il faut apprendre à tracer les limites en fonction des situations. Comme l'enseigne l'exemple du père Kolaković, les chrétiens doivent se renseigner sur le fonctionnement des cellules et des réseaux souterrains tant qu'ils sont encore libres de le faire.

Ils doivent activement construire des liens fraternels non seulement entre eux, à travers les confessions et les pays, mais encore avec des personnes de bonne volonté appartenant à d'autres religions ou n'en professant aucune. Quand ils ont l'âme bien ordonnée, les croyants servent le bien de l'Église, mais plus encore ils sont le relais par lequel la grâce divine touche tous les hommes.

Les dirigeants de petits groupes doivent être disposés et aptes à endosser des rôles catéchétiques, ministériels et organisationnels normalement assumés par les chefs de l'Église institutionnelle, au cas où ceux-ci ne seraient plus en mesure de le faire en vertu de la loi, ou bien compromis au point de ne plus pouvoir correctement remplir leur fonction.

Enfin, la fraternité en petits groupes permet de garder le moral quand le mépris et les tourments du monde frappent durement les croyants. Les jeunes chrétiens moscovites, dans les années 1970, se souviennent des moments partagés, de l'adoration et de la prière en groupe : cette époque où ils se sont construits les uns les autres est souvent la plus heureuse de leur vie. Ils ont ployé sous le poids de l'État soviétique, mais ils n'ont pas rompu parce que Dieu était avec eux, ainsi que leurs frères et sœurs dans le Christ.

Si l'amour était le mortier de leur communion, la souffrance partagée fut la mise à l'épreuve, l'accélérateur du lien; elle lui donna une réalité. L'amour, comme l'a écrit saint Paul, endure tout. Il faut bien voir que le totalitarisme séduit ceux, même les chrétiens, qui ont perdu la capacité d'aimer durablement, pour le meilleur et pour le pire. Ils pensent aimer, mais ils n'en ont que le désir. Ils pensent suivre Jésus, mais ne font que l'admirer.

Chacun se dit que ce n'est pas son cas. Mais si nous avons accepté le grand mensonge de notre culture thérapeutique qui nous répète que le bonheur personnel est le bien suprême, nous rendrons les armes à la première difficulté.

Chapitre 10

Le présent de la souffrance

Dans un tram de Budapest, je me rends avec une amie hongroise, tout juste la trentaine, chez une vieille femme qui a enduré la persécution à l'époque communiste. Tandis que nous sinuons à travers les rues de la ville, mon amie me parle de la difficulté qu'elle a d'être honnête avec les amis de son âge sur les épreuves auxquelles elle est confrontée comme épouse et comme mère de jeunes enfants.

Les problèmes qu'elle rencontre n'ont rien d'extraordinaire, mais le point de vue qui prévaut au sein de sa génération est que les difficultés de la vie sont une menace au bien-être personnel et doivent être refusées. Lui arrive-t-il de se disputer avec son mari ? Elle devrait le quitter. Ses enfants l'énervent-ils parfois ? Elle devrait les faire garder. Elle craint que ses amis ne voient plus la souffrance comme partie intégrante de la vie normale, n'envisagent plus une bonne vie sans souffrance. Celle-ci vous apprend la patience, la douceur et l'amour. Ce qu'elle attend d'eux, ce ne sont pas des conseils pour échapper à ses problèmes, mais du soutien pour pouvoir les vivre et les dépasser.

Je lui parle du débat entre John le Sauvage et l'Administrateur mondial, à la fin du *Meilleur des mondes* d'Huxley. Le Sauvage est un paria dans un monde qui considère la souffrance, même le simple désagrément, comme une intolérable oppression. Il se bat pour son droit au malheur. « C'est exactement ton cas », dis-je à mon amie.

Après être descendus du tram, cheminant vers notre rendez-vous, nous évoquons l'ironie de la volte-face sociale effectuée par la Hongrie postcommuniste. La femme que je vais rencontrer, comme tous les chrétiens que j'ai interrogés jusque-là, a permis aux souffrances infligées par le régime communiste d'approfondir son amour pour Dieu et pour ses coreligionnaires persécutés. À présent, dans une liberté et une prospérité relatives, les rejetons de la dernière génération communiste sont tombés dans une tyrannie plus subtile et plus sophistiquée, une tyrannie qui leur martèle que tout ce qu'ils trouvent difficile est une forme d'oppression. Pour ces milléniaux, le malheur est un esclavage et la liberté signifie la libération du fardeau des obligations non choisies.

Ces sentiments décadents peuvent paraître choquants dans un pays postcommuniste, mais ils ne sont en aucun cas cantonnés à la Hongrie. Un sondage pour NBC News et le *Wall Street Journal* de 2019 révélait que seule une minorité de jeunes adultes américains croyaient que la religion, le patriotisme et le fait d'avoir des enfants constituaient une partie importante de la vie. Quatre sur cinq estimaient que l'« épanouissement personnel » était le secret d'une vie réussie[1]*. De même, le sociologue de la religion Christian Smith a découvert dans l'étude qu'il a menée sur cette génération qu'elle définissait majoritairement la société comme un simple « agrégat d'individus autonomes cherchant à profiter de la vie ».

Voilà ceux qui feront bon accueil à l'État policier rose. Voilà la génération qui se livrera au *soft* totalitarisme. Les jeunes chrétiens pratiquants n'ont pas la capacité d'y résister parce qu'on leur a répété que pour réussir sa vie, il fallait vivre sans souffrir. La seule foi qu'ils ont apprise est un christianisme sans larmes.

1. Chad Day, « Patriotisme, religion, natalité : comment les valeurs des Américains ont changé », *L'Opinion*, 26 août 2019. https://www.lopinion.fr/edition/wsj/patriotisme-religion-natalite-comment-valeurs-americains-ont-change-195694.

Souffrir pour rendre témoignage à la vérité

Si, je le répète, le totalitarisme auquel nous sommes confrontés ressemble beaucoup plus à celui d'Huxley qu'à celui d'Orwell, les deux visions nous donnent une leçon sur la souffrance et la vérité, comme les survivants du knout communiste.

Ces leçons, il faut que nous les gardions et méditions dans nos cœurs. L'avenir qui se prépare forcera les chrétiens à expérimenter personnellement ce que signifie souffrir pour sa foi. D'ailleurs, on ne saurait trop le souligner, l'ancien totalitarisme a conquis des sociétés entières par la peur de la souffrance ; le nouveau procède principalement par la manipulation de l'amour du plaisir et de la peur du désagrément.

Ne confondons pas la marginalisation sociale ou professionnelle avec les camps de prisonniers et les balles des bourreaux, que les dissidents anticommunistes n'ont connus que trop vivement. Mais n'oublions pas : si nous qui sommes les croyants des derniers jours ne pouvons ni ne voulons être fidèles dans les épreuves relativement modestes auxquelles nous sommes confrontés aujourd'hui, il n'y a aucune raison de penser que nous serons capables d'endurer les véritables persécutions à venir.

« S'il n'y a pas la volonté de souffrir, et même de mourir pour le Christ, tout n'est qu'hypocrisie. Tout n'est que recherche de réconfort, me disait le pasteur baptiste Yuri Sipko. Quand je rencontre des frères dans la foi, en particulier des jeunes, je leur demande de me citer trois valeurs chrétiennes pour lesquelles ils sont prêts à mourir. C'est là que vous pouvez tracer la ligne entre ceux qui sont sérieux au sujet de leur foi et de ceux qui ne le sont pas. »

Quand il repense au passé communiste, aux chrétiens envoyés dans des camps de prisonniers pour n'en jamais revenir, à ceux qui ont perdu toute crédibilité sociale, perdu leur travail, et parfois jusqu'à leurs enfants à cause de leur foi, Sipko n'a pas de doute sur ce qui leur a donné la force d'endurer. C'est leur capacité à souffrir pour le Christ qui témoignait de la réalité de leur Dieu invisible.

« Il faut professer votre foi en lui et l'adorer de sorte que les gens autour puissent voir que ce monde est un mensonge, me dit le vieux pasteur. Ce n'est pas facile, mais c'est ce qui révèle l'homme comme image de Dieu. »

Mária Komáromi est aujourd'hui enseignante dans une école catholique de Budapest. Elle et son mari János, aujourd'hui mort, dissidents religieux sous le régime communiste, ont dû supporter de nombreux fardeaux pour maintenir leur foi vivante.

« Vous devez souffrir pour la vérité parce que c'est ce qui vous rend authentique. C'est ce qui rend cette vérité crédible. Si je ne veux pas souffrir, ma vérité ne vaut guère mieux qu'une idéologie », me dit-elle. Et de poursuivre : « La souffrance fait partie de la vie de chaque être humain. Nous ne savons pas pourquoi nous souffrons. Mais la souffrance est comme un sceau. Si vous placez ce sceau sur vos actions, vous remarquerez qu'autour de vous, on commence à s'interroger sur la vérité que vous professez, à se dire que, peut-être, vous avez raison à propos de Dieu. En un sens, c'est un mystère, parce que le démon veut nous persuader qu'une vie sans souffrance est possible. Il faut d'abord la vivre, puis tâcher de transmettre sa valeur, car la souffrance a une valeur. »

La richesse, le succès et le statut ne sont pas de véritables défenses contre la souffrance, estime-t-elle. Il suffit de voir combien de personnes possédant tout ce que ce monde peut offrir se complaisent dans une conduite autodestructrice, jusqu'à commettre le suicide. Les chrétiens doivent accepter la souffrance parce que c'est l'exemple donné par Jésus, et parce que leur foi est la promesse de prendre part à la gloire du Christ parce qu'ils auront partagé sa souffrance. Il arrive toutefois, nuance-t-elle, d'en voir les résultats ici-bas.

« J'ai eu beaucoup d'enfants, explique-t-elle – tous sont aujourd'hui adultes. Quand nous les avons accueillis, à l'époque, on nous traitait d'idiots. À présent, la situation s'est inversée et les gens nous envient d'avoir une si grande famille. On peut dire que le long terme sert parfois de preuve. »

Mária Wittner, maintenant octogénaire, est considérée par ses compatriotes hongrois comme une héroïne nationale pour son combat contre l'invasion soviétique en 1956. Elle n'était alors qu'une adolescente. Arrêtée, condamnée à mort (avant de voir sa peine commuée en raison de son jeune âge), elle a enduré des souffrances terribles au cours des huit mois qu'elle a passés dans le couloir de la mort.

« Il y avait une exécution par pendaison tous les jours ou tous les deux jours, m'a-t-elle raconté. Chacun des condamnés disait son nom à haute voix et criait un message en guise de dernières paroles. Certains chantaient l'hymne national, d'autres faisaient l'éloge de leur pays, et d'autres disaient : "Vengez-moi !" »

Certains jours, plusieurs pendaisons avaient lieu, jusqu'à sept en une seule journée. Catherine, une amie de Wittner, était elle aussi condamnée à mort. Elles ont passé sa dernière nuit ensemble dans la cellule et se sont dit adieu après le lever du soleil.

Wittner raconte :

« Les gardes l'ont emmenée. La toute dernière fois que je l'ai vue, elle s'était redressée, droite comme un i. La porte s'est refermée et je me suis retrouvée seule. J'ai tambouriné à la porte en criant "ramenez-la !", même si je savais parfaitement que personne ne m'écouterait. Puis j'ai perdu connaissance. Quand je me suis réveillée, je me suis juré de ne jamais taire ce que j'avais vu, si l'occasion m'était donnée de témoigner. »

C'est pourquoi, d'après elle, sa vie a été épargnée : pour qu'elle puisse dire au monde ce que les communistes avaient fait aux gens comme elle.

« J'ai beaucoup réfléchi à la peur elle-même, dit-elle. Qu'est-ce que la peur ? Celui qui a peur, on peut lui faire faire le pire. Celui qui n'a pas peur de dire non, celui dont l'âme est libre, on ne peut rien contre lui. »

Depuis l'autre bout de sa table de cuisine, la vieille femme fixe sur moi un regard perçant. « En fin de compte, ceux qui ont peur finissent toujours par être pires que les courageux. »

Admirateurs ou disciples ?

C'est une alternative parfaitement évoquée par le cinéaste Terrence Malick dans son chef-d'œuvre sorti en 2019, *Une Vie cachée*, peut-être la meilleure évocation cinématographique à la fois de l'Évangile et du drame intérieur de la résistance au totalitarisme comme choc entre deux religions rivales, nazisme et catholicisme.

Il est tiré de l'histoire vraie de Franz Jägerstätter, un fermier catholique autrichien qui a refusé de servir dans l'armée du régime nazi parce qu'il ne voulait pas jurer fidélité à Adolf Hitler, ce qu'il considérait comme un acte d'idolâtrie. Les nazis l'ont envoyé en prison et exécuté en 1943 pour trahison. En 2007, le pape Benoît XVI l'a béatifié comme martyr.

Dans le film, presque tous les paysans du petit village alpin de Jägerstätter acceptent le nazisme sans protester. Certains même avec enthousiasme. D'autres nourrissent des doutes en privé, mais ont trop peur de les exprimer. Même le curé dit à Franz qu'il serait mieux pour sa femme et ses enfants qu'il se taise et obéisse. Franz et sa femme Fani sont les seuls qui à la fois comprennent à quel point le totalitarisme nazi est pervers, et sont prêts à souffrir pour témoigner de leurs convictions.

Une Vie cachée montre clairement que la source de leur résistance est leur foi catholique profonde. Pourtant, tout le village partage cette foi, et cela n'empêche personne de se conformer au régime. Pourquoi les Jägerstätter ont-ils vu, jugé et agi comme ils l'ont fait, mais pas leurs voisins et coreligionnaires ?

La réponse se trouve dans une conversation entre Franz et un vieil artiste qui peint des scènes de la Bible sur le mur de l'église du village. Le peintre déplore sa propre incapacité à représenter vraiment le Christ. Ses images réconfortent les croyants, mais elles ne les conduisent pas à la repentance ni à la conversion. Il déclare : « Nous créons des admirateurs. Nous ne créons pas de disciples. »

Malick, qui a écrit le scénario et qui a une solide formation en philosophie, tire presque certainement cette distinction de l'existentialiste chrétien Søren Kierkegaard, qui écrivait que Jésus n'avait pas prêché une philosophie mais un mode de vie. Pour Kierkegaard, le Christ percevait que les disciples étaient en harmonie avec ce qu'il disait de lui-même.

> Et on doit tout de même bien supposer aussi qu'il [le Christ] a su pleinement pourquoi l'ensemble de sa vie sur la terre, du début à la fin, était conçu pour susciter des « imitateurs » et était conçu pour rendre impossibles les « admirateurs[2] ».

L'admirateur aime à être associé au Christ, mais quand les difficultés surviennent, il se retourne contre lui ou essaie de mettre de la distance entre lui-même et le Seigneur. L'admirateur recherche le réconfort et les avantages qui vont avec la foi chrétienne, mais que le vent tourne et que la figure du Christ devienne objet de scandale et il disparaît. Toujours selon Kierkegaard, l'admirateur est incapable du moindre sacrifice. Il préfère la prudence. S'il est capable de dire, de chanter, de crier sans cesse à quel point il loue le Seigneur, il ne renonce à rien, ne change pas de vie et ne fait pas en sorte que son existence tout entière reflète celui qu'il admire. Au contraire, l'imitateur cherche par tous les moyens à être ce qu'il admire. Et il arrive que l'imitateur qui vit au milieu de prétendus chrétiens encoure les mêmes périls que s'il avait été dangereux de professer sa foi dans le Christ.

Souffrir sans amertume

Voici l'un des commandements du Christ les plus difficiles : « Eh bien ! moi, je vous dis : Aimez vos ennemis, et priez pour ceux qui vous persécutent » (Mt 5,44).

Beaucoup d'entre nous ont du mal à être charitables avec le vendeur impoli ou avec le conducteur qui nous fait une queue de

---

2. Søren Kierkegaard, *Exercice en christianisme*, trad. Vincent Delecroix, Paris, Le Félin, 2006, p. 284.

poisson. Peu d'entre nous seraient capables d'aimer le responsable de la perte de leur travail, ou pire, celui qui nous a inscrits sur une liste noire dans notre profession. Bien rare est l'homme ou la femme qui pourrait trouver la force d'aimer son agresseur ou son violeur.

Bien rares sont les hommes ou les femmes de la trempe de Silvester Krčméry.

Pour rappel, Krčméry, mort en 2013, fut l'une des figures majeures de la résistance anticommuniste slovaque. Lors de son dernier procès, les procureurs communistes le traitèrent de menteur pour avoir affirmé que les Tchécoslovaques ne jouissaient d'aucune liberté religieuse. « Personne ne vous défend d'aller prier à l'église, si ? » le raillaient-ils – une pique que les chrétiens conservateurs entendent souvent aujourd'hui de la part des progressistes.

Krčméry retourna leur accusation contre eux. Il répondit que le Christ ne se satisfaisait pas du simple fait que les croyants aillent à l'église, mais qu'il voulait que les croyants vivent pour lui en tout temps et en tout lieu. Cette idée, Krčméry l'avait reçue lors de son apprentissage auprès du père Kolaković – une relation qui avait justement éveillé les soupçons de la police secrète.

« N'ayez pas peur et agissez toujours comme vous pensez que le Christ agirait à votre place dans la situation particulière où vous vous trouvez », répétait le père Kolaković à ses disciples. Lorsque la police secrète arrêta Krčméry, il éclata de rire, parce qu'il comprenait qu'il recevait le don de souffrir pour le Seigneur.

En prison, on refusa de lui fournir une Bible, et il se félicita d'avoir passé ses dernières années de liberté à mémoriser les Écritures. Comme d'autres prisonniers politiques, Krčméry endurait des tortures répétées. Il avait été formé pour résister au lavage de cerveau. En fin de compte, c'est sur sa seule foi qu'il s'appuya pour survivre. Plus il s'affaiblissait, plus sa force spirituelle grandissait.

Le jeune médecin avait décidé de s'unir par sa souffrance à celle du Christ et d'offrir ses peines à Dieu pour obtenir des grâces pour les autres persécutés. Il croyait que le Seigneur lui permettait de supporter ces épreuves pour une raison, mais cette croyance ne vint pas d'elle-même et, dans les affres de la douleur, il fallut de la conviction.

« C'est pourquoi je répétais, encore et encore : "Je suis la sonde de Dieu, je suis le laboratoire de Dieu. Je supporte ce calvaire pour aider les autres et l'Église[3]." »

Krčméry décida qu'il devait être utile. Il découvrit que de simples actes de solidarité partagés avec les autres opprimés, donnés ou reçus, étaient d'une importance insoupçonnée. Dans cette prison communiste, le commandement biblique de porter le fardeau les uns des autres devenait intensément réel. « Un frère qui vous aidait dans une mauvaise passe était plus proche, par la souffrance, que les parents et les amis les plus chers ne l'étaient à l'extérieur, et ne le seraient sans doute jamais », écrit-il. Ce laïc catholique a vécu la vérité du conseil donné par le père Jean de Cronstadt au père Alexei Mechev : « Joignez votre chagrin au chagrin des autres, et vous verrez qu'il est plus facile à porter. »

La torture, les privations, l'isolement auraient pu détruire Silvo Krčméry et en faire un homme brisé, sinon rongé par la haine. Mais les minutes de son procès de 1954 montrent qu'ils l'ont au contraire raffiné, purifié, rendu fort dans le Christ. Dans son ultime plaidoirie, Krčméry adressa ce défi au tribunal :

« Dieu m'a donné tout ce que j'ai ; à présent que je fais face à la persécution à cause de lui, et que je suis appelé à professer ma foi en lui, devrais-je faire semblant de ne pas croire ? Devrais-je cacher ma foi ? Devrais-je le renier[4] ? »

Il défiait ses persécuteurs communistes en leur disant : « Nous n'accepterons pas de céder à la haine, à la révolte ou même à la plainte... C'est là notre force, c'est là notre supériorité. »

Silvester Krčméry devrait attendre encore dix ans avant de retrouver le monde extérieur. Il passa le reste de sa vie à évangéliser depuis chez lui, à Bratislava, et à s'occuper des malades, en

3. Silvester Krčméry, *op. cit.*, p. 56.
4. *Ibid.*, p. 163.

particulier des toxicomanes. L'homme qui disait que le refus de la haine était la force des chrétiens persécutés ne chercha pas la vengeance, même après la chute du communisme.

« Bénie sois-tu, prison » : accepter la souffrance comme un cadeau

« Bénissez ceux qui vous persécutent », nous enseignent les Écritures (Rm 12,14). C'est avec cet état d'esprit que l'on peut résister à l'envie de vengeance. Dans son chef-d'œuvre *L'Archipel du Goulag*, Alexandre Soljénitsyne révèle comment lui et ses codétenus ont été battus, humiliés, privés de liberté, comment ils ont vécu dans la crasse et le froid glacial en compagnie de la vermine et enduré maintes grotesques manifestations de la détermination du communisme à créer le paradis sur terre ; rien, dans les pages de ce livre essentiel, ne frappe le lecteur autant que ce passage :

> C'est pourquoi je me tourne vers mes années de détention et dis, non sans étonner parfois ceux qui m'entourent :
> « Bénie sois-tu, prison ! [...] béni soit le rôle que tu as joué dans mon existence[5] ! »

Le but de Soljénitsyne, avec cette phrase audacieuse, est de montrer que la souffrance l'a élevé, lui a appris à aimer. C'est seulement là, dans l'expérience d'une souffrance intense, que le prisonnier a commencé à comprendre le sens de la vie et à sentir le bien qui était en lui.

Soyons clairs : rien dans les Évangiles n'oblige les chrétiens à rechercher la souffrance. La parole de Dieu n'est pas un manuel masochiste. Mais la vie du Christ et l'exemple des prophètes de l'Ancien Testament obligent les croyants à accepter ce mystère

5. Alexandre Soljénitsyne, *L'Archipel du Goulag*, Éditions du Seuil, 1974-1976.

impénétrable que la souffrance, si elle est correctement reçue, peut être un cadeau.

Le père Kirill Kaleda, qui s'occupe de l'église dédiée à la mémoire des martyrs de la persécution bolchevique, propose une vision prudente de la souffrance dans la vie du chrétien.

« Prendre sa croix et la porter sera toujours une épreuve. On peut dire clairement que l'idéologie actuelle du confort est antichrétienne dans son essence même. Mais il faut souligner le fait que l'Église n'a jamais appelé ses fidèles à rechercher la souffrance ; elle leur a même clairement recommandé de ne pas le faire. Mais si une personne se trouve dans une situation de souffrance, elle doit le supporter avec courage. »

Alexander Ogorodnikov, que nous avons rencontré dans les chapitres précédents, fut l'un des dissidents les plus importants de la fin de l'ère soviétique. Né dans une famille communiste, ancien leader du Komsomol, il fut repéré par le KGB qui voyait dans cet enthousiaste jeune homme une future recrue. Mais, âgé d'une vingtaine d'années, il se convertit au christianisme. Son engagement pour la liberté religieuse lui valut d'être emprisonné en 1978. Il fut libéré neuf ans plus tard après l'intervention du président des États-Unis Ronald Reagan et du Premier Ministre britannique Margaret Thatcher auprès de Mikhail Gorbatchev.

Ogorodnikov, aujourd'hui presque septuagénaire, est à la fois d'un grand calme et d'une grande intensité. Des coups qu'il a reçus au goulag, il garde une paralysie partielle du visage. Lire un livre qui traite de la torture dans les camps de prisonniers soviétiques est une chose ; en entendre le récit de la bouche même d'un homme qui l'a vécue en est une autre. Mon interprète m'apprend plus tard qu'Ogorodnikov avait appréhendé notre rencontre à mon hôtel, le *Metropol*, car c'était, à l'époque communiste, un repaire du KGB.

Bien qu'elles ne l'aient pas condamné à mort, les autorités soviétiques ont néanmoins décidé de donner une leçon à Ogorodnikov en le plaçant dans le couloir de la mort de l'une des prisons les plus dures de l'URSS, un établissement où, selon l'un de ses geôliers, l'État envoyait les hommes pour les briser, pour les « saigner à blanc goutte à goutte ».

« Quand je suis entré dans la cellule, j'ai regardé ceux qui étaient là et leur ai dit : "Écoutez-moi, mes frères, j'ai été envoyé ici pour vous aider à aller à la rencontre de la mort, non comme des criminels, mais comme des hommes dotés d'une âme qui s'en vont rencontrer leur créateur, Dieu le Père", me raconte-t-il. Comme les exécutions par fusillade avaient lieu tôt le matin, nombre de prisonniers ne trouvaient pas le sommeil. Ils attendaient qu'on frappe à la porte pour voir qui serait appelé. Impossible de fermer l'œil, évidemment. Je ne dormais pas non plus. Je tâchais de les aider à transformer cette nuit de terreur en une nuit d'espérance. »

Le jeune chrétien qui n'avait même pas trente ans dit à ces criminels endurcis que, bien qu'il ne soit pas prêtre, il était toujours disposé à entendre leur confession.

« Je leur ai dit que je ne pouvais pas les absoudre, mais que, quand je mourrais et me retrouverais devant le Seigneur, je pourrais témoigner de leur repentir. Il faudrait être Dostoïevski pour décrire leur confession. Moi-même, je n'ai pas les mots. Je leur disais que Dieu est miséricordieux, et que le seul fait de reconnaître leurs fautes et de renoncer au péché les laverait et les purifierait. Ils finiraient tous par être fusillés tôt ou tard ; au moins mourraient-ils la conscience tranquille. »

Lorsque les autorités pénitentiaires constatèrent que le confinement dans une cellule avec les pires criminels n'avait pas conduit Ogorodnikov à se repentir de ses péchés contre l'État soviétique, elles le mirent à l'isolement.

« Une nuit que j'étais seul dans la petite pièce, se souvient-il, j'ai très clairement senti quelqu'un me réveiller, doucement mais fermement.

« Quand j'ai ouvert les yeux, j'ai reçu une vision d'une grande clarté. Je pouvais voir le couloir de la prison. Je pouvais voir un homme à qui on retirait ses chaînes, et bien que je ne l'aie vu que de derrière, je savais exactement de qui il s'agissait. Je compris que Dieu avait envoyé un ange pour me réveiller afin que je puisse accompagner cet homme par la prière alors qu'on l'emmenait au peloton d'exécution.

« "Qui suis-je pour que tu me montres cela?" ai-je demandé à Dieu. Puis je sus que je voyais toute l'étendue de l'amour de Dieu. Que nos prières, les miennes et celles de ce prisonnier, avaient été entendues, et qu'il était pardonné. J'étais en larmes. Je me suis réveillé plusieurs fois de la sorte, pas pour tous les prisonniers, mais pour un certain nombre d'entre eux. »

Ogorodnikov l'interprète comme un signe que tous les prisonniers avec lesquels il avait prié n'avaient pas été sincères dans leur repentir. Alors qu'il languissait à l'isolement, ces réveils mystiques se sont poursuivis, comme une force invisible qui l'encourageait avec douceur à sortir de son sommeil. C'était toujours le même genre de vision : les gardes menant un prisonnier à son exécution.

Après que cela s'est produit à quelques reprises, Ogorodnikov s'est demandé pourquoi le visage des condamnés ne lui était jamais montré. Il n'a pénétré ce mystère que plus tard, dans une autre prison, à travers ce qu'il considère comme une révélation divine.

Dans cette petite prison, Ogorodnikov était le seul captif, et il était surveillé par un seul gardien, manifestement un retraité autorisé à travailler de nuit parce qu'il vivait dans la solitude.

Une nuit, le vieux garde est entré dans la cellule d'Ogorodnikov, l'air visiblement agité. « Ils viennent la nuit », lui dit-il. Ogorodnikov voyait bien que quelque chose avait conduit le vieil homme au bord de la folie et qu'il avait besoin de s'en confesser. Il l'a encouragé à se livrer, et voici ce que lui a révélé son gardien :

« Quand j'étais plus jeune et que je travaillais dans une autre prison, nous avons sorti une vingtaine ou une trentaine de prêtres de leur cellule et les avons rassemblés à l'extérieur. Nous les avons attelés à un traîneau, et ils ont dû le tirer jusque dans la forêt. Toute la journée ils ont couru, jusqu'à atteindre des marais. Là, ils ont été placés en deux rangées, l'une derrière l'autre. Nous formions un périmètre autour des prisonniers. J'étais l'un des gardes.

« Un des membres du KGB s'est approché du premier prêtre et lui a demandé très calmement, d'une voix douce : "Y a-t-il un

Dieu ?" Le prêtre a dit oui. Il lui a tiré une balle dans le front de sorte que sa cervelle éclabousse le prêtre qui se tenait juste derrière. Il a patiemment chargé son pistolet, s'est placé devant le prêtre suivant et a demandé : "Dieu existe-t-il ?

« — Oui, il existe." Et l'homme l'a abattu de la même manière que le premier. Nous ne leur avons pas bandé les yeux. Ils ont vu exactement ce qui allait leur arriver. »

Alors qu'il touche à la fin de son histoire, Ogorodnikov a du mal à refouler ses larmes. D'une voix brisée par l'émotion, l'ancien prisonnier conclut : « Aucun de ces prêtres n'a renié le Christ. »

C'est pour cette raison que le vieil homme s'était porté volontaire pour tenir compagnie à Ogorodnikov le soir venu : ses nuits étaient hantées par le souvenir du visage de ces prêtres dans les instants précédant leur exécution. C'est la rencontre avec ce pauvre gardien de prison qui lui a permis de comprendre pourquoi ses visions mystiques lui cachaient le visage des condamnés. L'horreur l'aurait fait sombrer dans la folie lui aussi. Il devait se contenter de savoir que, parce qu'il avait été là pour partager l'Évangile avec elles, ces pauvres âmes, damnées ici-bas, vivraient éternellement au paradis.

S'attendre au pire et avoir pitié des écorchés

À moins d'en avoir fait l'expérience, il est difficile d'imaginer à quel point la torture et l'isolement peuvent fragiliser la santé mentale d'un homme. Dans *L'Archipel du Goulag*, Soljénitsyne exhorte ses lecteurs à avoir pitié des prisonniers qui ont craqué sous la torture. D'après lui, presque tous l'ont fait, à un moment ou à un autre : sans être passé par là, impossible de comprendre la pression qui s'exerce sur vous ; on est prêt à dire n'importe quoi pour que cesse la douleur physique et psychologique.

Prisonnier politique dans la Roumanie communiste, le pasteur luthérien Richard Wurmbrand nous en a donné le témoignage. La Roumanie, à l'époque de l'occupation par les troupes soviétiques à la fin de la Seconde Guerre mondiale, était un pays profondément religieux. Avec la prise de pouvoir des staliniens et la mise en place de leur dictature en 1947 s'est ouverte une période de persécutions antichrétiennes parmi les plus atroces de l'histoire du communisme soviétique.

De 1949 à 1951, l'État roumain a mené l'« expérience de Piteşti », du nom d'une prison créée pour être un laboratoire de réingénierie de l'âme humaine. Ses dirigeants y soumettaient les prisonniers politiques, y compris le clergé, à des tortures insensées dans le but de les anéantir psychologiquement et de les transformer en citoyens obéissants de la République populaire.

Wurmbrand fut captif à Piteşti de 1948 jusqu'à son exil à l'Ouest en 1964. Témoignant devant un comité du Sénat américain en 1966, il a raconté comment les communistes brisaient les os, utilisaient des fers rouges et toutes sortes de tortures physiques, et montraient, spirituellement et psychologiquement, un sadisme dépassant toute compréhension. Le pasteur a ainsi raconté l'histoire d'un jeune prisonnier chrétien qu'on avait lié à une croix pendant des jours. Deux fois par jour, on posait la croix à plat sur le sol et les gardiens forçaient cent autres détenus à uriner et déféquer sur le jeune homme.

« Puis la croix était dressée de nouveau et les communistes juraient et se moquaient : "Regardez votre Christ, regardez-le, comme il est beau, adorez-le, agenouillez-vous devant lui, comme il sent bon, votre Christ." Un dimanche matin est arrivé un prêtre catholique, une de mes connaissances. On l'a fouetté puis jeté dans une cellule crasseuse avec cent autres prisonniers ; on lui a donné une assiette avec des excréments et un pot d'urine, et on l'a forcé à dire la sainte messe en les utilisant comme offrandes, et il s'est exécuté[6]. »

6. « Testimony of Rev. Richard Wurmbrand before the US Senate (1966) : Communist Exploitation of Religion », 6 mai 1966, Joseph Smith Foundation, josephsmithfoundation.org/testimony-of-rev-richard-wurmbrand-before-the-u-s-senate-1966-communist-exploitation-of-religion/.

Wurmbrand lui a demandé comment il pouvait consentir à commettre un tel sacrilège. Mais le prêtre, « à demi fou », l'a prié de faire preuve de pitié. Les autres prisonniers ont été battus jusqu'à ce qu'ils acceptent cette communion profane tandis que les gardiens se moquaient d'eux.

Wurmbrand déclarait aux sénateurs :

« Je suis un très petit homme, très insignifiant. J'ai été en prison parmi les faibles et les petits, mais je parle pour un pays qui souffre, pour une Église qui souffre, et pour les héros et les saints du xxe siècle ; il y avait parmi nous des saints dans cette prison, vers lesquels je n'osais pas lever les yeux[7]. »

Après sa libération, le pasteur a consacré le reste de sa vie, jusqu'à sa mort en 2001, à faire connaître le sort des chrétiens persécutés. « Nous ne sommes pas tous appelés à mourir en martyrs, écrivait-il, mais nous sommes tous appelés à avoir le même esprit d'abnégation et d'amour que ces martyrs ont eu jusqu'au bout[8]. »

Se renforcer de la faiblesse des autres

Accompagner d'autres personnes persécutées dans leurs souffrances peut favoriser le repentir sincère et la force spirituelle. À Piteşti, l'un des codétenus de Wurmbrand était George Calciu, un étudiant en médecine chrétien orthodoxe qui fut plus tard ordonné prêtre. En 1985, il fut exilé aux États-Unis, où il servit dans une paroisse de Virginie jusqu'à sa mort en 2006.

Dans un long entretien donné en 1996, le père George a raconté sa rencontre avec un autre prisonnier nommé Constantin Oprişan, qui eut lieu lors de son transfert de Piteşti à Jilava, une prison construite entièrement sous terre. Chaque cellule

---

7. *Ibid.*

8. Richard Wurmbrand, *The Midnight Bride*, Bartlesville, Living Sacrifice, 2009, emplacement 713 sur 3025, Kindle.

était occupée par quatre prisonniers. Oprişan était atteint de la tuberculose. Dès leur premier jour à Jilava, Oprişan, les poumons infectés, s'était mis à cracher abondamment.

> L'homme étouffait. Il avait craché peut-être un litre de sang et de phlegme, si bien que j'en avais l'estomac retourné et le cœur au bord des lèvres. Constantin Oprişan, le remarquant, me dit : « Pardonne-moi. » Comme j'avais honte ! Étant étudiant en médecine, j'ai alors décidé de m'occuper de lui, et j'en ai fait part aux autres. Il ne pouvait plus bouger : je dus tout faire à sa place. Je l'asseyais sur le pot pour qu'il urine. Je le lavais. Je le nourrissais. Notre nourriture était dans un bol que je devais placer sur sa bouche[9].

Constantin Oprişan, qui « était comme un saint », d'après le père George, était si faible qu'il pouvait à peine parler. Mais chaque mot qu'il prononçait devant ses compagnons de cellule était pour le Christ. L'entendre dire quotidiennement ses prières eut un effet profond sur les trois autres hommes, comme le simple fait de poser les yeux sur « le flot d'amour qui inondait son visage ».

Ce triste état, Oprişan le devait aux tortures qu'il avait subies trois années durant à Piteşti. Pourtant, il n'avait pas un mot de haine à l'encontre de ses tortionnaires et passait ses journées à prier.

> Pendant tout ce temps, nous n'avons pas réalisé à quel point Constantin Oprişan était important pour nous. Il était la justification de notre vie dans cette cellule. Il n'a cessé de s'affaiblir tout au long d'une année. Nous sentions que son séjour ici-bas prenait fin et qu'il allait mourir[10].

---

9. George CALCIU, *op. cit.*, p. 109.
10. *Ibid.*, p. 110.

Après sa mort,

> chacun sentait que quelque chose venait de mourir en lui. Nous comprenions que, malade comme il l'était, dépendant tel un enfant des soins que nous lui apportions, il avait été le pilier de notre vie en cellule[11].

Après qu'ils eurent lavé et préparé son corps pour l'enterrement, ils alertèrent les gardes que Constantin Oprişan était mort. On les fit sortir de leur séjour sans fenêtre pour la première fois depuis un an, puis un garde ordonna à Calciu et à un de ses compagnons de sortir le corps et de l'enterrer. Oprişan n'avait plus que la peau sur les eaux : tous ses muscles avaient fondu. Pour une raison ou pour une autre, la peau, tendue sur son squelette émacié, avait viré au jaune.

> Mon ami prit une fleur et la plaça sur sa poitrine – une fleur bleue. Le garde se mit à crier puis il nous força à regagner notre cellule. Avant de rentrer, nous nous sommes retournés pour jeter un dernier regard à Constantin Oprişan, à ce corps jaune et à cette fleur bleue. C'est l'image dont j'ai gardé le souvenir. Ce corps émacié, une fleur bleue sur la poitrine[12].

Revenant sur ce drame près d'un demi-siècle plus tard, le père George écrit que les soins apportés à Oprişan au cours de sa dernière année de vie lui ont révélé « la lumière de Dieu ».

> Quand je soignais Constantin Oprişan, je ressentais un grand bonheur. J'étais très heureux parce que je sentais sa spiritualité pénétrer mon âme. Il m'a appris à être bon, à pardonner, à ne pas maudire mes bourreaux, à ne rien considérer de ce monde comme un trésor personnel. Il vivait vraiment dans

11. *Ibid.*, p. 111.
12. *Ibid.*, p. 112.

> une sphère supérieure. Seul son corps était avec nous, et son amour. Imaginez-vous seulement? Nous étions dans une cellule sans fenêtres, sans air, sale et humide, et pourtant nous avons connu des moments de bonheur comme jamais nous n'en avions connu quand nous étions en liberté. Je ne peux pas me l'expliquer[13].

En termes de théologie sacramentelle, un mystère est une vérité qui ne peut être expliquée mais seulement acceptée. La lente mort de Constantin Oprişan, qui a donné la vie spirituelle à ceux qui l'ont aidé à supporter ses souffrances, est à ce titre un mystère. Le prisonnier écorché était en train de mourir, mais comme il était déjà mort à lui-même pour l'amour du Christ, il a pu être une icône pour les autres, une fenêtre sur l'éternité à travers laquelle passait la lumière divine pour illuminer les trois autres occupants de cette cellule noire et crasseuse.

Un christianisme pour l'ère qui vient

La foi des martyrs et des confesseurs que nous avons cités ici est bien loin de la religion thérapeutique des bourgeois de la classe moyenne, des sermons politisés, de gauche comme de droite, que l'on entend dans bien des paroisses, et de la théologie de la prospérité professée par certains courants chrétiens évangéliques. Ces expressions de la foi, d'une grande faiblesse, se consumeront instantanément à la moindre persécution. Le pasteur Wurmbrand écrivait qu'il y avait deux sortes de chrétiens : « Ceux qui croient sincèrement en Dieu et ceux qui, tout aussi sincèrement, croient qu'ils croient. C'est à leurs actions dans des moments décisifs qu'on peut les distinguer les uns des autres[14]. »

---

13. *Ibid.*, p. 131.
14. Richard WURMBRAND, *In God's Underground*, Bartlesville, Living Sacrifice, 2004, emplacement 661, Kindle.

Le genre de chrétiens que nous serons à l'heure de l'épreuve dépend du genre de chrétiens que nous sommes aujourd'hui. Et nous ne pourrons pas devenir le genre de chrétiens que nous devons être pour être prêts à la persécution si nous ne connaissons pas des histoires comme celles-là, et si nous ne les gardons pas dans nos cœurs.

J'ai envoyé quelques-uns de ces récits à un ami tchèque qui a quitté sa patrie communiste pour rejoindre les États-Unis quand il avait une vingtaine d'années. Ce genre d'histoires, il les connaît bien. Et pourtant, écrit-il, « elles sont difficiles à lire. Et il est encore plus difficile de se rendre compte qu'elles ont été presque oubliées, ou pire, jamais connues ».

Voir. Juger. Agir

Reconnaître la valeur de la souffrance, c'est redécouvrir un enseignement fondamental du christianisme historique et poser le regard sur la voie du pèlerinage qu'ont parcourue toutes les générations de chrétiens qui nous ont précédés depuis les Apôtres. Rien n'est plus important dans la construction de la résistance chrétienne au totalitarisme à venir. Cela signifie aussi accepter de passer pour un sauvage aux yeux de la culture contemporaine, même au sein de l'Église. De s'opposer à une grande partie du christianisme populaire, lequel est devenu une secte superficielle vouée, non à la création de disciples, mais au bien-être personnel et à la libération des angoisses individuelles. Refuser de voir dans la souffrance un moyen de sanctification, c'est tomber, pour reprendre la terrible expression de Huxley, dans le « christianisme sans larmes ».

Mais comment juger de la bonne manière d'aborder la souffrance ? Il n'y a pas de formule toute faite, hélas. Comme le dit le père Kirill Kaleda, nous ne devons pas la rechercher activement. Même le Christ, à Gethsémani, a prié pour que la coupe passe sans qu'il la boive, si Dieu le voulait bien. La vertu de prudence est essentielle pour faire la différence entre la raison et la rationalisation.

Nous préférerions tous que la coupe passe sans avoir à la boire, mais si le moment vient, alors nous devons être prêts à tenir fermement notre position, quoi qu'il en coûte.

Nous ne saurons pas quelle conduite adopter à ce moment-là si nous ne nous sommes pas préparés à accepter la douleur et la perte pour le royaume de Dieu. En Occident, la plupart des chrétiens n'ont pas encore à souffrir pour leur foi comme leurs coreligionnaires sous le communisme, mais leurs histoires peuvent nous guider, comme le récit des martyrs chrétiens du monde entier à travers les âges. Familiarisez-vous avec ces histoires, apprenez-les à vos enfants. Elles constituent le cœur de l'expérience de la vie chrétienne et forment une partie essentielle de notre mémoire culturelle. Apprenez-les, de sorte que vous sachiez quand et comment les vivre.

Dieu ne peut pas vouloir le mal, mais, comme il l'a montré par sa Passion, il peut permettre la souffrance pour un bien supérieur. Pour bien juger s'il nous appelle ou non à partager sa Passion dans un cas particulier, il faut croire sincèrement que notre souffrance aura un but, même si celui-ci ne nous apparaît pas clairement sur le moment. Lors de son premier emprisonnement, George Calciu, alors laïc, vécut une profonde conversion grâce au témoignage de certains de ses codétenus prêtres. Quand il retourna en prison plus tard dans sa vie, ce fut comme prêtre, et il conduisit ses compagnons d'infortune au Christ comme il l'avait lui-même été des décennies plus tôt. Le ministère d'Ogorodnikov, il en est convaincu, conduisit des condamnés à mort au paradis. Celui de Krčméry prépara la naissance de l'Église souterraine. Soljénitsyne émergea de l'atroce misère du goulag en intrépide homme de Dieu, dont le témoignage prophétique à la face du monde contribua à faire tomber un empire maléfique.

Quand nous agissons, soit en acceptant notre propre souffrance, soit en partageant celle des autres, nous devons la laisser agir en nous et nous transformer comme elle a transformé les martyrs du communisme. Elle peut nous rendre amers, attiser la colère ou l'esprit de vengeance, ou elle peut être semblable au feu du fondeur

(Ma 3,2), comme elle le fut pour Soljénitsyne et Calciu, pour Krčméry, Ogorodnikov et tant d'autres, purifiant notre amour pour Dieu et pour l'humanité souffrante.

Aucun chrétien n'a le pouvoir d'éviter entièrement la souffrance. C'est la condition de l'homme. Ce que nous pouvons contrôler, c'est la façon dont nous agissons face à elle. Allons-nous la fuir et trahir notre Seigneur ? Ou bien l'accepterons-nous comme un signe douloureux de sa miséricorde ? Les choix que nous ferons lorsque nous serons mis à l'épreuve vont dépendre de ceux que nous faisons aujourd'hui en temps de paix. Cela, le père Tomislav Kolaković l'avait bien compris lorsque, arrivé en Tchécoslovaquie, il s'attela à préparer l'Église aux persécutions qui se profilaient. Voilà pourquoi, quand la police secrète vint chercher Silvester Krčméry, il fut en mesure de porter sa croix comme un vrai chrétien.

Conclusion

Vivre sans mentir

Le père Kolaković a vu ce qui allait arriver, et il a préparé les chrétiens. N'en doutez pas. Il nous parle encore aujourd'hui. Il nous dit encore quoi faire.

Dr Nicholas BARTULICA, émigré croate de 92 ans,
ami de Kolaković

Et si les réponses aux questions de la vie que se posent les jeunes chrétiens du monde entier ne se trouvaient pas à l'Ouest, mais à l'Est, dans l'histoire et la vie des dissidents chrétiens ? C'est ce qu'a appris, à sa grande surprise, un jeune Slovaque qui avait entrepris de réaliser un reportage sur les chrétiens persécutés sous l'ère communiste.

Timo Križka n'était encore qu'un jeune enfant lorsque la révolution de Velours a mis fin au totalitarisme dans son pays, mais il connaît mieux que quiconque la souffrance des chrétiens sous le joug communiste. L'arrière-grand-père de ce photographe et cinéaste de Bratislava, un prêtre grec-catholique, a été contraint de quitter son ministère dans les années 1950 pour avoir refusé d'obéir à l'ordre du gouvernement de se convertir à l'Église orthodoxe, laquelle était alors sous contrôle soviétique. Plutôt que de souiller sa conscience, ce prêtre, le père Michal Durišin, a choisi une vie de souffrance pour lui-même et sa famille.

Il y a plusieurs années, Križka a entrepris d'honorer le sacrifice de son aïeul en interrogeant et en photographiant les survivants slovaques de la persécution communiste, y compris des membres fondateurs de la Famille du père Kolaković. Alors qu'il faisait le tour du pays, Križka s'est trouvé moins bouleversé par le récit qu'on lui faisait des souffrances endurées, auquel il s'attendait, que par la paix intérieure que dégageaient ces vieux croyants.

Ces hommes et ces femmes avaient à peu près son âge à lui le jour où tout leur avait été enlevé, sinon leur foi en Dieu. Et pourtant, ils n'ont cessé de répéter à leur jeune visiteur qu'en prison, ils avaient trouvé la libération intérieure grâce à la souffrance. L'un d'eux, séparé de sa femme et de ses cinq enfants et mis à l'isolement, lui confia même qu'il s'était parfois senti « comme au paradis ».

« Ils donnaient l'impression que moins ils étaient en mesure de changer le monde qui les entourait, plus ils étaient forts, m'a raconté Križka. Ces gens ont complètement changé ma compréhension de la liberté. Mon projet a évolué. Je ne cherchais plus des victimes : je voulais trouver des héros. J'ai cessé d'élever un monument aux injustices du passé, et je me suis mis à chercher un message pour nous, les gens libres. »

Ce message, il l'a trouvé : l'idéal laïque et libéral de liberté, si populaire dans l'ancien bloc de l'Ouest et parmi la génération postcommuniste de l'Est, est un mensonge. L'idée que la vraie liberté se trouve dans la libération du moi de tous les engagements contraignants (envers Dieu, le mariage, la famille) et dans les progrès du confort matériel est une route qui mène à l'enfer. Križka s'est rendu compte que la seule force qui se tenait au milieu de cette route pour crier « Stop ! » était l'Église chrétienne traditionnelle.

Puis il a compris.

« Les yeux intensément fixés sur l'Occident, nous avons vu qu'il commençait à vivre les mêmes choses que nous à l'époque du totalitarisme, me dit-il. Une fois de plus, on nous dit que les valeurs chrétiennes nous empêchent d'accéder à une vie meilleure. L'histoire nous a montré jusqu'où ce genre de discours pouvait aller.

Seulement, maintenant, nous savons quoi faire et quelles décisions prendre dans nos vies. »

De ses entretiens, Križka a également appris quelque chose d'important sur lui-même. Il avait toujours pensé que la souffrance était quelque chose qu'il fallait fuir. Pourtant, il ne comprenait pas pourquoi son bonheur n'augmentait pas proportionnellement à la liberté qu'il obtenait dans sa vie professionnelle et personnelle. Sa génération était la première depuis la Seconde Guerre mondiale à connaître la liberté : pourquoi était-il rongé par l'anxiété? pourquoi n'était-il jamais satisfait?

Ces rencontres avec de vieux dissidents lui ont révélé une vérité vivifiante. La même vérité qu'Alexandre Soljénitsyne découvrit au prix d'une descente dans l'enfer du goulag.

« Accepter la souffrance est le début de notre libération, m'a dit Križka. La souffrance peut être une source de force immense. Elle nous donne le pouvoir de résister. Elle est un don de Dieu qui nous invite à changer. À préparer la révolution contre l'oppression. Mais pour moi, l'oppresseur n'est plus le régime communiste totalitaire. Il n'est même pas l'État libéral progressiste. Rencontrer ces héros inconnus a déclenché une révolution contre le plus grand dictateur totalitaire : moi-même. »

Križka a découvert une vérité subtile mais cruciale : chacun de nous est le dirigeant ultime de sa propre conscience. Le totalitarisme dur joue sur notre terreur pour que nous abandonnions notre liberté de conscience; le *soft* totalitarisme utilise lui aussi la peur, mais surtout il nous envoûte avec des promesses thérapeutiques de divertissement, de plaisir et de réconfort, y compris, comme le dit Mustapha Menier, le dictateur du roman d'Huxley, de « christianisme sans larmes ».

Mais la vérité ne peut être séparée des larmes. Pour vivre dans la vérité, il faut accepter la souffrance. Dans *Le Meilleur des mondes*, Menier fait appel à John le Sauvage pour qu'il abandonne sa vie dans les bois et retrouve le confort de la civilisation. Le sauvage prophétique refuse la tentation.

« Mais je n'en veux pas, du confort. Je veux Dieu, je veux de la poésie, je veux du danger véritable, je veux de la liberté, je veux de la bonté. Je veux du péché.

— En somme, dit Mustapha Menier, vous réclamez le droit d'être malheureux.

— Eh bien, soit, dit le Sauvage d'un ton de défi, je réclame le droit d'être malheureux[1]. »

Tel est le coût de la liberté. C'est ce que signifie vivre dans la vérité. Il n'y a pas d'autre possibilité. On ne peut échapper à la lutte. Le prix de la liberté, c'est l'éternelle vigilance – d'abord sur notre propre cœur.

Les saboteurs de Dieu

« L'histoire moderne nous enseigne que le combat pour la liberté, nous devons toujours le mener », me disait Marek Benda, qui a combattu le régime communiste à l'adolescence aux côtés de son père et de sa mère. Une seule génération se tient toujours entre nous et la tyrannie. Beaucoup de gens pourraient regarder en arrière et tirer les leçons de l'histoire, mais ils sont totalement aveugles au danger d'une renaissance de ces événements.

J'espère que la lecture des témoignages contenus dans ce livre vous aura dessillé les yeux. Mais comme le père Tomislav Kolaković l'a enseigné à ses disciples alors que l'ombre du totalitarisme soviétique s'étendait sur leur terre, voir n'est que la première étape. Pensez à ce que vous voyez. Rassemblez-vous avec d'autres et parlez de ce que vous voyez. Analysez les faits, discernez, trouvez comment votre foi et vos convictions morales doivent s'appliquer concrètement à la situation.

1. Aldous HUXLEY, *Le Meilleur des mondes*, trad. Jules Castier, éd. Ebooks libres et gratuits, p. 278.

Puis agissez, agissez pendant qu'il en est encore temps. Comme l'a dit C. S. Lewis, le monde est, pour le chrétien, un « territoire occupé par l'ennemi ». « Le christianisme est une histoire qui nous dit comment le roi légitime a débarqué, on peut même dire a débarqué déguisé, et nous a tous appelés à prendre part à une grande campagne de sabotage[2]. » La guerre culturelle est pour ainsi dire terminée, et nous l'avons perdue. La Grande Marche est, pour le moment, un défilé triomphal. Mais les marches du Premier-Mai l'étaient aussi dans les villes et les villages du défunt empire soviétique.

Le Mordor marxiste était bien réel, mais la foi de ceux qui ont résisté lui a survécu, parce que le totalitarisme dur a heurté quelque chose de plus dur encore : la vérité. Aujourd'hui, le totalitarisme émergent est plus doux, plus intelligent et plus sophistiqué – ce qui ne le rend pas moins totalitaire. Lubomir Gleiman, présent aux conférences du père Kolaković à Bratislava en 1943, écrivait dans ses Mémoires, parus en 2006, que, pour le prêtre, le communisme « était plus impitoyable que le totalitarisme "doux" de l'Ouest sécularisé », et qu'il représentait donc la plus grande menace pour le christianisme[3]. Mais comme l'a découvert Timo Križka, un fils de la première génération ayant accès à la liberté post-soviétique, le totalitarisme que le père Kolaković considérait comme « doux » existe vraiment. De même que son aîné plus brutal, il est construit sur le plus vieux des mensonges, celui que le serpent a chuchoté au jardin, le père de tous les mensonges : « Vous serez comme des dieux. »

Notre cause semble perdue… mais nous sommes toujours là ! À présent, notre mission est de construire la résistance souterraine à l'occupation, de garder vivante la mémoire de notre identité passée et présente, et d'attiser les feux du désir pour le vrai Dieu. Où il y a mémoire, où il y a désir, il y a espérance. Que tous les

---

2. C.S. Lewis, *Mere Christianity*, Londres, Harper-Collins, 1952, II, 2.
3. Lubomir Gleiman, *From the Maelstrom : A Pilgrim's Story of Dissent and Survival in the Twentieth Century*, Bloomington, Author House, 2011, p. 103.

saboteurs du royaume de Dieu méditent l'émouvante conclusion de l'essai de Soljénitsyne, *Vivre sans mentir*, qui a donné son titre à ce livre[4]. Il écrivait en guise d'adieu au peuple soviétique :

> Il ne s'agit donc pas d'être les premiers à s'engager dans cette voie, mais de SE JOINDRE AUX AUTRES ! La route sera d'autant moins longue et pénible que nous serons plus unis, plus nombreux à nous y engager ! Si nous sommes des milliers, personne ne pourra venir à bout de nous. Des dizaines de milliers, et notre pays deviendra méconnaissable !
> Mais si nous cédons à la peur, cessons alors aussi de récriminer contre ceux qui ne nous laissent pas respirer librement : c'est nous-mêmes qui nous en empêchons ! Courbons l'échine, attendons encore, et nos frères biologistes ne tarderont pas à trouver le moyen de lire dans nos pensées et de modifier nos gènes.
> Si nous cédons là aussi, nous prouverons que nous sommes des nullités, des irrécupérables, et c'est à nous que s'applique le mépris de Pouchkine :
> *Que sert à des troupeaux d'être libres ?*
> ....
> *Le lot qui leur échoit est d'âge en âge :*
> *Le joug, des grelots et un fouet*[5].

4. Il est ici fait référence au titre de l'ouvrage en langue originale, *Live Not by Lies* (N.d.É.).
5. Alexandre Soljénitsyne, *Vivre sans mentir*, *op. cit.*

Remerciements

Je ne peux malheureusement pas remercier certaines des personnes qui m'ont aidé dans mes recherches, parce que leur carrière pourrait en pâtir. Aucune d'entre elles ne vit dans l'ancien bloc soviétique ; toutes sont américaines. Cela fait réfléchir. Mais vous vous reconnaîtrez, et je vous remercie.

Ce livre n'aurait pas pu exister sans le Dr. John Schirger et sa mère, Milada Kloubovka Schirger. C'est cette catholique, qui a connu la prison dans sa Tchécoslovaquie natale, qui dit un jour à son fils né aux États-Unis qu'elle y voyait des choses qui lui rappelaient sa patrie sous le joug communiste. Le Dr. Schirger m'a rapporté ses mots en 2015, mais il avait alors préféré tenir leur identité secrète. L'histoire de sa mère fut la genèse de *Résister au Mensonge*. Milada est morte en 2019 à l'âge de quatre-vingt-douze ans. En hommage à son témoignage, son fils m'a permis de les nommer l'un et l'autre. J'espère que ce livre est à la hauteur de l'héritage qu'elle a laissé.

Mes amis Béla et Gabriella Bollobás, qui ont fui la Hongrie dans les années 1960 pour vivre libres en Grande-Bretagne, ont été les premiers à me dire qu'il fallait prendre Milada Schirger au sérieux. Ce livre leur doit beaucoup à eux aussi. Je leur suis reconnaissant de tout ce qu'ils m'ont appris depuis des années.

Je tiens à remercier mes interprètes et mes guides à l'étranger. Le père Stepan Smolen a été mon Virgile en République tchèque, avec l'appui de Milan Žonca et d'Andrej Kutarna. Łukasz Kożuchowski a été mon bras droit à Varsovie, comme Aneta Wisniewska et Wojciech Kolarski lors de l'entretien avec Zofia Romaszewska. Matthew Casserly m'a aidé à Moscou. Anna Salyi a tout arrangé pour moi à Budapest. Viliam Ostatník m'a assisté avec talent lors de mon séjour à Bratislava.

D'autres encore m'ont apporté une aide précieuse dans l'organisation de mes rencontres avec des hommes et des femmes remarquables. En Russie, je n'aurais rien accompli sans l'aide de Dmitry Uzlaner, que je ne remercierai jamais assez. En Slovaquie, Juraj Šúst et Timo Križka m'ont fait découvrir le monde l'Église souterraine slovaque. Ryszard Legutko et Dariusz Karłowicz ont été essentiels à mon travail en Pologne. L'excellent livre de Ryszard, *The Demon in Democracy*, est un guide inestimable pour comprendre le *soft* totalitarisme de notre temps.

Une fois de plus, il me faut exprimer toute ma gratitude envers mon agent littéraire Gary Morris de la David Black Agency, qui, depuis près de deux décennies, représente pour moi tout ce qu'un écrivain pouvait espérer. C'est le deuxième livre que je fais avec Bria Sandford, mon éditrice chez Sentinel. J'apprécie la confiance qu'elle a mise en moi et en mes idées. Je dois également remercier mon ami Dewey Scandurro pour ses prières et ses conseils lors de l'élaboration de ce livre, comme pour tous les précédents.

Merci également à ma femme Julie et à mes enfants Matthew, Lucas et Nora pour leur patience pendant les longues absences qu'a nécessitées *Résister au Mensonge*. Mes enfants, ces histoires sont pour vous et votre génération plus que pour celle de vos parents.

Enfin, je tiens à remercier Frederica Mathewes-Green, l'une de mes plus vieilles et plus chères amies. Son père spirituel était le prêtre orthodoxe George Calciu. C'est par elle que j'ai appris son existence et celle du camp de torture roumain de Piteşti. Il y a plus de vingt-cinq ans que Frederica me soutient par son amitié, ses sages conseils, son écoute et ses prières pour me soutenir dans mes combats, tout particulièrement pendant ce projet.

Table

IMPRIM'VERT®

Achevé d'imprimer par CPI,
en mars 2021
N° d'imprimeur : 162729

Dépôt légal : avril 2021

Imprimé en France